なぜ日本はフジタを捨てたのか？

藤田嗣治とフランク・シャーマン 1945～1949

美術ジャーナリスト
富田芳和

静人舎

君が私を救い、
今では私の幸福がどんなものであるかを知っている
たった一人の男だ。

（一九四九年三月十三日 日曜日
ニューヨークの藤田嗣治からフランク・シャーマンへの書簡）

まえがき

フランク・エドワード・シャーマンは死の数年前に終《つい》のすみかを極東に求め、一九九一年十月十一日、韓国ソウルの病院で前立腺がんのため死去した。家族のないシャーマンは死の数日前、生涯かけて集めた日本の戦後美術に関する収集品のすべてを親交のあった実業家・河村泳静に託した。

シャーマンが集めた資料のうち、藤田嗣治（以下、フジタ）の絵画作品（絵入り書簡を含む）の多くは、シャーマンが生きているうちに、美術館やコレクターの手に渡っている。

遺贈されたものは右記以外のシャーマンが生涯をかけて集めたすべてだった。大量の絵画もあったが、何百通もの手紙類、何冊ものネガファイルやスクラップブック、雑誌の切り抜き、マッチラベルや切手、その他の雑多な品々。仮に分類を試みたとすれば長いインデックスを必要とするだろう。数え方によっては二万点にのぼる。その全体の量は大型トラックのコンテナ一個分に相当した。

美術の専門家ではない河村氏にはおおよそ価値は不明だったが、シャーマンがどんなことに情熱を持っていたか、さらに誠実で几帳面な性格をよく知っていたため、一片も廃棄してはならない資料と信じて大切に保存することになる。

やがて収集品は「シャーマンコレクション」と名付けられ、画家・野田弘志氏を通じて、縁のあった北海道伊達市の教育委員会に預けられる。そして数年の眠りを倉庫の中でむさぼることになる。

美術雑誌の編集者であった私が、河村氏からコレクションの話を聞き、何か活用する方法がないかと相談を受けたのはシャーマンが没して二十年以上たってからである。私はその時、シャーマンが戦後、フジタと交友を持った人間だということぐらいの漠然とした知識しか持ちあわせていなかった。

倉庫の中を探索した初めての日、ここにある物はとんでもないものだと気づいた。

フランク・シャーマンとは何者なのか。

その答えを出すにはさらに長い年月がかかることになる。

未整理のぼう大な資料のピースを読み解き、一つ一つつなぎ合わせることによって、少しずつ見えてきたのは、今まで語り伝えられ書き継がれてきたものとは違う、戦後日本の文化情景である。そしてその中からシャーマンという人物はゆっくりと立ち上がっていった。

しかし探索を続けるにつれて、ジグソーパズルの本当の完成にはもっと長い時間がかかることを思い知らされるのである。

終戦の日から、フジタの全画業の最後の三分の一の人生がはじまった。そこから一九四九年三月にアメリカに渡る日まで、画家として生き延びるために、フジタは世間から身を隠した。今までフジタの人生の空白と見られていた時間に、ぴったりと身を寄せていたひとりの若いアメリカ人がいた。

フランク・シャーマン。

彼が丹念に集めた資料は、フジタの人生のなかでも際だってドラマティックな時間を再生してくれるはずだ。フジタの波瀾に富んだ全生涯をたどる伝記は過去何冊か書かれている。しかし、シャーマンが収集した資料によって、フジタの生涯にまた新しい光が当てられると筆者は信じている。

そこからどのようにフジタの人生全体を再構成するかはこれからの仕事である。シャーマンの生涯の多岐にわたる活動と、日本の戦後美術に残した重要な業績をまとめることについてはだれも手をつけていない。

この二つは、シャーマンの資料がわれわれに課した大きな宿題であろう。

シャーマンの最晩年に、河村はシャーマンの業績をまとめるために、長時間のインタビューを行った。シャーマンの伝記をまとめようと試みたものだが、シャーマンの死と諸般の事情により中断された。

フジタの戦後期の空白を埋めるという意味でも貴重なこの証言も、未公開のまま二十年以上眠った。このたび持主のご厚意により、本書のために拝聴させていただけたことにも、深い感謝を捧げたい。

なぜ日本はフジタを捨てたのか？——藤田嗣治とフランク・シャーマン 1945～1949

◉目次

まえがき 2

プロローグ 8

第一章 戦時下の闘争 18

第二章 フランク・シャーマン 38

第三章 GHQの戦争画収集 61

第四章 フジタはどこに 72

第五章 挑発 81

第六章 出会い 89

第七章 戦犯追及 102

第八章 フジタとの日々 113

第九章　シャーマンルーム　136
第十章　日展の抗争　159
第十一章　二人の裸婦　169
第十二章　妨害　179
第十三章　ケネディ画廊の個展　188
第十四章　作戦　205
第十五章　京都遊興三昧　215
第十六章　光明　226
第十七章　フジタを探せ　233
エピローグ　254
あとがき　265
主な参考図書　267

プロローグ

鎮魂

フジタは自分の戦争画（「アッツ島玉砕」）を「チャンバラ」と呼んだ。昭和十八年八月十九日付の画家木村荘八に宛てた手紙に使われた言葉である。

いよいよ切迫する時局に、フジタは自分の戦争画をかすかに自嘲している。とはいえ、フジタに反戦意識が芽生えたとまでは言わない。自嘲は、軍部に描かされているというのっぴきならない状態に向けられたものだ。

昭和十八年、日本はガダルカナル島を撤退し、真珠湾攻撃の英雄山本五十六が戦死、五月にアッツ島守備隊全滅という報が国民に伝わる。

戦局の明らかな悪化をだれもが耳をふさいで耐えている。挙国一致を叫ぶ声は、ますますヒステリックになっていく。それは高まる破滅の予感から生まれる病的な叫びにも聞こえる。

フジタはものに憑かれたように、寝食を忘れて「アッツ島玉砕」の制作に没頭している。

国民に総力戦の意識を高めるために依頼された絵なのに、悲壮な雄叫びを上げる兵士と敵も味方も区別なく折り重なった無数の死体の地獄絵図だ。

「お前は描かされているのだ」と耳元でだれかが言う。「描かされているのではない」と心が叫ぶ。相反する感情の衝突が、「チャンバラ」という言葉を吐かせたのであろう。

フジタは描かされた戦争画と、芸術の探求としての戦争画についてふたつの意識を持っていた。

フジタの戦争画は、この時期、依頼者である軍部にも制御できない方向に向かおうとしている。

「鎮魂」――

戦う意欲を高ぶらせるための絵を軍部は求めている。魂を鎮《しず》めるというテーマは、軍部が求める戦争画にはない。フジタの制作は危うい領域に突き進もうとしている。

「鎮魂」は、日本美術の歴史に深い水脈としてあるテーマだ。「鎮魂」は、過去いかなる権力者も侵すことをはばかってきた神聖なテーマである。

「これを戦争記録画と呼べるのか?」

完成した「アッツ島玉砕」を見た軍部の担当官は、苦虫をかみ潰すような顔をする。しかし、しぶしぶ展示を承認するしかない。

フジタは木村宛の同じ手紙に、この作品について語っている。

「一人の老婆にも一人の赤ん坊にもこの画が分かってくれてお父さんか息子か兄さんの姿だとこの画の中の人物を見て貰えばいいのです」

「アッツ島玉砕」が公開展示されたとき、作品の前に賽銭箱が置かれ、人々は手を合わせた。絵を見ようと押し寄せた人で長蛇の列ができた。

フジタは戦争画によって大衆の心をつかみ、時の美術界の頂点に昇り詰めることになる。

しかし、フジタの絵に対する大衆の熱狂は、軍部が謳おうとする「戦意高揚」とは別のところからもたらされている。軍部はわかっているがどうすることもできない。それが昭和十八年という時代状況だった。「アッツ島玉砕」は、爆発寸前の人々の悲しみと鬱積を鎮める役割を果たしているからだ。

「鎮魂」というテーマに到達したとき、フジタは今描いている絵が「戦争画」を超えたと自覚している。頭上を敵機の爆音が越えていくのを耳にしながら、自作がいずれ不朽の芸術として世界的に評価されるだろうという妄想を抱く。

だが、妄想が現実になるためには三十年待たなければならない。その時、フジタはもうこの世にいない。

フジタが思い描いたことと現実の日本の美術界には大きな隔たりがあった。

その隔たりを見誤ったために、思いがけない落とし穴に落ち、危うく時代に埋葬されそうになる。もっともこの混乱の時代に、正しい観測などできるのは、老獪《ろうかい》な画壇政治家でしかなかったかもしれないが。

戦争が終わり、フジタは生き延びるために戦争画を描いたと非難する声が上がる。しかし、フジタは描くためにに生きることしか考えない画家であった。

戦争末期から終戦直後にかけてのフジタの人生は、未だに真実が明らかになっているとは言いがたい。

フジタは前代未聞の記録魔だったが、一九四三年から一九四五年頃までの日記やフジタへの来信はほとんど本人ないしは近親者によって廃棄されてしまっている。

「戦犯容疑」なのか？

どうしてなのか？　多くの評伝は「戦犯」容疑の証拠隠滅という、広く流布したわかりやすい伝説を追認してきた。

フジタは一九四九年に渡米する。多くの評伝はその理由を、フジタが「戦犯」画家としてバッシングされたことに耐えられなかったからだとまことしやかに説明してきた。しかし、それは生涯フジタを苦しめた誤解だった。フジタは異議申し立てを繰り返し叫び続けたが、ついに耳を貸す人はいなかった。

一九四九年の渡米は、フジタの人生にとって最も重要なターニングポイントのひとつになった。だから、真実を明らかにすることは、その人生を読みなおすことに等しい。

本書は、一九四五年から四九年にかけてのフジタの時間について、これまで作られてきた伝説を再考し真実を明らかにすることが大きな目的の一つである。

空白の時間は、昭和十八年から二十年の間に木村荘八に送られた三通の書簡、フジタの行動、フジタの身辺に居合わせた人間の証言など、ばらばらになった過去の断片を合理的な一筋のストーリーとして組み立て直すことによって埋めることができると、筆者は考えている。

一九四五年から四九年の離日までの時間は、明らかにつじつまの合わない証言や言い伝えが、矛盾を残したままつなぎ合わされてひとつの伝説が作られている。

たとえば、フジタに強い衝撃を与えたと言われてきた、画家・内田巌のフジタ宅訪問事件がある。その日内田は、「フジタを戦犯容疑者に指名した上で、美術界での活動を自粛するよう通告した」と言われている。それは事実だったのか。

通告はフジタに、戦争画を描いた信念を打ち砕き、自責の心を生ませ、日本で絵を描き続けることを断念させたという。本当のことなのだろうか。

「戦犯容疑」という問題は、フジタの人生において大きなつまずきの石だったと信じられている。しかし、フジタは戦争画を描いたことへの非難に反論したことはあっても、描いたことを反省する発言はどこにも見つけることはできない。戦争画制作を非難されたことが、日本で画家を続けることを決定的に困難にしたと語ったこともない。

戦後のフジタ伝説は、次のような事実と明らかにつじつまが合わない。

第一に、フジタは自分がＧＨＱから戦犯容疑者に挙げられることはないと、戦後の早い時期から確信していたこと。

第二に、自分を戦犯だと非難する勢力が美術界のごく一部だと認識していたこと。

したがって、第三に、自分を戦犯画家として血祭りに上げようとする世論など想像したことともなかったこと。

マスコミが血眼でフジタを追いかけ回したのは、戦争画でトップスターになった画家のこれからの動向が、特ダネとして売れると見込んだからにすぎない。

日本を捨てたのではない

フジタの夫人君代は、戦後のインタビューで、日本人に対する不信感を露わにしている。

「フジタはことあるごとに私に言いました。私たちが日本を捨てたのではない。日本が私たちを捨てたのだ、と」

君代の発言に対して、論者たちは、過剰反応だとか被害妄想だとかとみなし、その真意を問うことはほとんどしなかった。

日本に死ぬまで戻らなかった画家が、何度も繰り返し発した「日本に捨てられた」という言葉は、漠然とした疎外感情ではない。「捨てられた」、すなわち、裏切られたという気持ちを持つ以外にはないただならない事件があったことを示唆している。

フジタは、戦中戦後の貴重な記録の多くを自ら廃棄した。そういう衝動に駆られるほど深い傷を心に受けた。そして、フジタは永遠にその真相を明らかにすまいと心に誓った。

なぜ誓ったのか。羽田から日本を去る日に、フジタがマスコミに残した言葉からその理由がわかる。

「画家たちはけんかをしないでください。自分の絵を描いてください。国際水準の絵を目指してください」と。

もう、けんかはしない。フジタはそう心に誓い、自ら争いから身を引いた。

自分の絵だけを描く。パンドラの箱は二度と開けまい。一生の戒めであった。

フジタはそれほどまでに深く日本を愛していた。日本国籍を捨て、遺骨も異郷に葬ることを願った画家であったにもかかわらず。フジタは心の底で、日本が祖国だということを世を去るまで思い続けた。

しかし、没後も「フジタ」と「日本」はぎくしゃくし続けた。フジタ展の開催は何度も頓挫し、フジタ作品の出版物への掲載もままならなかった。君代は、「フジタが正しく理解されていない」と訴え続けた。

夫人の主張にそのまま与しないとしても、誤解と不可解な伝説が今日まで温存されてきたことは事実である。

フジタは日本との本当の訣別を望んではいなかった。だが〝正しい理解〟は、二人が世を去ったのちも得られることはなかった。

フジタが没して五十年が経過した。そろそろ真実を明らかにしなければならないのではないだろうか。

一人のアメリカ人

フジタの渡米は、三人のアメリカ人の水も漏らさぬ緻密な連携によって隠密裏に準備された。フジタは妻を除いて誰一人として日本人を信じていない。

渡航作戦の隊長となったのは、フランク・エドワード・シャーマンというGHQの教育文化担当者である。シャーマンは、この仕事をGHQの任務として行ったのではない。少年時代からずっと憧れを持ってきた画家フジタへの深い敬意によって彼は行動した。綿密な計画を立て、要になる人物を的確に動かし、スパイドラマを見るような離れ業で計画を実行した。

フジタと付き合いのあった日本人は、もっと言えば彼に恩義のある日本人は非常に多かったが、彼の人生の最大の危機に対して心から親身になって救済のために手を差し伸べようとした者はいない。もっとも、敗戦から数年という時代は、日本人のだれもが自分のことをどうするか考えることで精一杯な時代ではあったが。

フジタが戦後の混乱期に、シャーマンのような人物と巡り会ったのは、たんに幸運だったからではない。こういう危機に地球のどこかから手が差し伸べられるような真の意味での世界的画家だったからである。

もしも、シャーマンとの巡り会いがなかったなら、フジタの人生は、戦後美術のカオスの底に埋葬されていたかもしれない。

これまでのフジタ伝では、エコール・ド・パリを舞台にした華やかな活躍、中南米をめぐる精力的な旅など、一九一〇年代から三〇年代に比重が置かれる傾向がある。その鮮やかな光に対して、フジタの戦後はどんよりとした薄暗さに彩られるというのが定番である。画業の三分の一を占める二十年近くの戦後の人生については、わずかなページしか割かれない。

憶測するに、戦争画の時代はフジタにとっての負の歴史であり、一九四五年八月十五日を分水嶺として、戦後は、パリに逃避した隠遁の余生であるとするフジタ観が評伝作者の根底にあるからではなかろうか。

しかし、真実は、フジタは、戦後、六十歳を超えてから最晩年に至るまで、旺盛な制作を一時も休めることがなかった。野心的な挑戦が何度も試みられ、新境地が開かれ、作品の価格は高水準を維持した。フジタは死ぬまで枯れることはなく、したたかに生き、エネルギッシュに制作を続けた。多くの名作を生み、新境地を切り開いた。それは残されたぼう大な作品がすべて証していることである。

そのことを客観的にみるだけでも、フジタの人生へのこれまでの眼差しは、どこか不公平のように思えてならない。

第一章　戦時下の闘争

美校クーデター

昭和二十年八月十五日の玉音放送をもって、日本人は太平洋戦争の終わりを通告された。しかし、美術界の〝戦後〟はもっと前から動き出している。

その象徴的な事件が、昭和十九年初夏に東京美術学校（美校）での大規模な人事異動である。当時、学徒動員も始まり、教師の画家たちは戦争記録画の制作に駆り出されて、美校も戦時体制に飲み込まれてしまっている。

日本人の上から下までが挙国一致の戦時動員の意識に塗り固められていた昭和十九年という時期に、学校改革が行われるとすれば、戦時体制という趣旨によるさらなる引き締めでしかありえない、とだれもが考えるだろう。

ところが、美校で一日にして断行された大改革の内実はそうではなかった。まず、理由の通告なく、すべての教員が講堂に呼び出され白紙に捺印を強制された。それが依願退職の書面になることだけを伝えられて。

　日本画科の結城素明、洋画科の小林萬吾、田辺至、伊原宇三郎など、戦争記録画で活躍する教師たちも名を連ねていた。

　意外なのは、その後任の人事に座ったのは、戦争記録画に関わらなかった画家たちであったことだ。


　昭和十九年七月十日付の、フジタから木村荘八に宛てた一通には、戦後にフジタを巻き込む運命の発端が記されている。

　敗戦を一年後に迎えるこの年の五月に起きた美校事件は、当時の画家たちにとって相当に衝撃的な事件だったことを手紙は証している。

「時局益々サイパン島の悲壮な戦闘から九州爆撃やらと　見る事きく事神経をとがらせる事ばかり　あまつさえ又美校問題に技芸員発表等　戦争画をやっている連中は一蹴にけられて美事に葬られて仕舞い　何にが何やら一向に判らず」

　まず、サイパン島の玉砕や、各地に激化する空襲に神経をすり減らすような危機感を抱いている。戦争画の制作について、マスコミ媒体などで公的には威勢のいい発言をするフジタの本音がここにはある。というよりも、あらゆる日本人が追いつめられて「神経をとがらせ」ている共通の気分の表明がある。

そんな空気の中、突然の美校改革があった。そこで戦争画に関係した人間がぜんぶ追い出されてしまう。

後がまの人事として、日本画の小林古径、洋画の安井曾太郎、梅原龍三郎という、いずれも美校出身ではない画家たちが教授陣に起用された。同じような人選が、宮内省の顕彰制度である帝室技芸員でも通達された。「美校問題に技芸員発表等」と書いた事件の実際である。

何が何やらわからない人事だと言っているのは、戦争画に関わっている画家が完全に放り出されてしまったからだ。言うまでもなく、戦争画が軍部の要請と後押しで制作され、それ以外の絵画制作が排除されている中で、時代にまるで逆行するような事件だったから、フジタたちにとって驚きもひとしおである。

なぜそのようなことが起こりえたのか。

一つは、軍部にもはや、国民を戦争遂行へと統制していく力が失われはじめていたからである。戦争遂行の声は、形骸化したキャンペーンでしかなかった。

もう一つの理由は、後述するような、軍部も抑えることができない新しい力が美術界に台頭しようとしていたからだ。

クーデターを大ざっぱにまとめると、政権を取った者（美校の教授陣に入った者）と排除された者（美校を解雇された者）があった。政権を取った者は戦争画を積極的に描かなかった者である。戦争画を描かないか、描いたか、この違いが両者を塗り分けた。

そもそも画家は戦争画になぜ関わったのか。その理由は一つではない。画家それぞれの事情や思考があった。同じように、戦争画を描かなかった理由も一つではない。だから描いた者と描かなかった者を、単純に区別できる思想などはない。

だが、日本が戦争に負け、戦争遂行者が断罪される時代になれば、戦争画を描かなかったことは輝かしい勲章になる。

昭和十九年夏。そのことはすでに、見える者には見えていたのである。

クーデターの背後にいる人間も、書面には記されないが画家仲間では周知の事実だった。

小林古径、安井曾太郎、梅原龍三郎を押していたのは、宮内省官僚の侯爵細川護立、その息のかかった美術史家児島喜久雄、日本美術院のリーダーで日本画家の横山大観である。大観は日本美術報国会の会長をつとめる、戦争画政策のトップだった。だが、彼自身は戦争画の制作そのものには一度も手を染めなかった。

クーデターグループの画家たちは、いずれも官展ではない在野団体にいる。官展は文部省が主導する美術展である。クーデターは、国家権力とは別のところから文化を再構築しようという革命でもあった。

それができたのは、繰り返すが、国が衰えていたからに他ならない。

そういう人事を、電光石火で断行できたのは、宮内省の重鎮が背後に控えていたからである。文部省も傍観することしかできなかった。

細川護立は肥後熊本藩藩主だった細川家の十六代当主。東洋美術に造詣が深く、戦後、細川家伝来の美術品を収蔵する永青文庫を設立し、日本美術刀剣保存協会会長、東洋文庫理事長などをつとめた。

美校の新教授に就任した小林古径、安田靫彦、安井曾太郎、梅原龍三郎のスポンサーが細川であった。日本画科の小林と安田は、日本美術院の中心作家である。岡倉天心に始まる日本美術院は、東洋美術と伝統的日本美術を重んじ、復古主義的な傾向がある。

洋画の安井と梅原は京都に生まれ、絵画も同地で学んだ。二十世紀西欧モダニズムよりも、油彩による日本絵画への回帰を目指していた。

彼らに明確な共通思想を見出すことは難しいが、クーデターはある種の党派的な結束力で遂行されている。そして、敗戦後の「画壇」はその結束力によって作り出されていく。

美術界の終戦は昭和十九年の美校クーデターからはじまった。美校という日本の美術アカデミズムの総本山で作られた戦争末期の体制は、戦後から長きにわたって、戦後美術界の基本構図になり続けていく。

動揺

「アッツ島玉砕」を発表した当時、フジタは日本で最も有名な画家のひとりだった。だが、戦争画を描いたフジタは、クーデター後の新しい画壇からはっきりと排除されることになる。「美校クーデター」はフジタ自身に直接影響をもった人事上の事件ではない。だが、フジタとつながる画家は切り捨てられた。日本画科で官展（文展、帝展）系が一掃され、洋画科では、初代教授・黒田清輝の同じ門下生でフジタと親しかった小林萬吾と田辺至が追い出された。

一方、「技芸院発表」すなわち帝室技芸員の補充人事には、美校の新教官に重なる名前が多かった。すなわち日本美術院系、非官展系の帝国芸術院会員が多く入った。そこに、帝国芸術院会員のフジタの名はない。

戦争は間もなく終わるだろう。だがその彼方に続くフジタの道は、灰色のもやに包まれている。

木村荘八への手紙でフジタは戸惑いを隠していないが、騒ぎ立てているのは画家仲間たちである。

「研（中村研一）始め　病院の弦（猪熊弦一郎）さん　亀の甲山の敬（佐藤敬）さん　扨《はて》は池袋辺りの若手の憤がい押しかくす事も叶わず、将来の日本美術を憂ふるの情、実に止むべくもあらず、念々日本も大変な時代になりました」

「随分毎日集まる友人多く流言居士　其他何処できいたか　いろいろの情報やら　半分はあてにもならずとも」

中村研一、猪熊弦一郎、佐藤敬らは、フジタのパリ時代からの盟友で、戦争画を描いている同僚でもある。さらに、池袋モンパルナスといわれる一帯にアトリエを持つ若い画家たちがいた。

彼らは毎日のように、四谷のフジタのアトリエに押し寄せてきて、悲憤慷慨《ひふんこうがい》の声を上げている。増幅する怒りの中で、怪しい流言が飛び交い、炎はますます燃え盛っていく。

フジタは冷静になれとなだめながら、どうにかしなければいけないと、考え始めている。

昭和十九年五月に起きた美校事件は、戦争画を描く画家たちに、自分たちの見えないところで、未来への扉が閉ざされていくような危機感をもたらした。

そういうギスギスした空気の中でも、フジタはせっせと自分の仕事をこなしていく。

「十五日から開く陸軍への献納の美術院会員展　今度は日本画五枚洋画三枚と言ふ事で正直に三枚かいた処　外の方は一枚かせいぜい二枚で私丈が三枚と……　その外赤十字へ二枚　これも献納いろいろこの際は協力して働いた　おえらい方を慰める事はいい事だと悦《よろこ》んで外の人の悪口は言い度《た》くなく　自分さへ誠心があればいいのではないでしょうか」

戦争画の献納は「おえらい方を慰める事」、つまり画家のジョブ（課せられた仕事）としてフジタは割り切ることができる。

それができるのは、フジタの戦争画には、もうひとつ芸術探求としての意識があるからだ。

藤野への結集

昭和十九年七月十日の木村荘八への手紙は、一転して疎開の準備に追われる近況報告になる。「先ツ荷物疎開の急務はやった方が利口かもしれぬといろいろ不用の品等ボッボツ荷送り箱詰め等いたし二階も下も足のふミ入れる処もない様な乱雑　省線沿線のぶちこわしの家並みの様で女房等は悲鳴を挙げてお互様です」

疎開の準備で、荷物の梱包が最終段階になっていることを伝えている。「省線沿線のぶちこわしの家並みの様」というのは、空襲対策で強制解体された山手線沿線の家並みのことを言っている。二階も一階も足の踏み場もないほど物が乱雑に置かれ、君代の愚痴の悲鳴にフジタは苦笑いをしている。

「この際は生きる事が一番かんじんでしょう　これから板をきって釘を打って箱を作ったりしています　一番楽しい時を過します」

フジタは戦争画に一身を捧げる報国の兵士ではなく、画家として生き延びることを考えている。「見る事きく事神経をとがらせる事ばかり」の日常から逃れる方策を考えている。その準備に汗を流し楽しそうに没頭する。大工仕事はフジタに何より気分転換をもたらす幸福なひときだ。

いささかうきうきした気分から、疎開先が決まったことをうかがわせる。八方手を尽くしてようやく見つけた神奈川県津久井郡小淵村藤野である。

しかし手紙では、気の置けない後輩である木村にも、行き先は明かしていない。成人の疎開は逃亡ともみなされる風潮の中で、「この際は生きる事が一番かんじんでしょう」と胸の内をさらけ出すことが精一杯だ。

東京麹町のアトリエを引き払い、中央本線の神奈川県・藤野駅から徒歩で五分もかからない農家の座敷にアトリエを構えたのは、終戦前年の夏の盛りだった。

北側のなだらかな山から津久井湖に降りる森の涼風が、座敷を改装したアトリエを吹き抜けていく。降りそそぐ蟬の鳴き声が、都会の喧騒を忘れさせる。

フジタは朝から夜遅くまで、キャンバスに吸いつくように頭をよせて、大画面の小さな一部に筆を走らせている。パレットには、さまざまな濃淡の暗褐色の絵具だけが溶き延ばされている。大画面には、土塊《つちくれ》とも雲塊ともつかない兵士の体が、地平の果てまで横たわり積み上げられて描かれている。

藤野にはいつのまにか、画家の疎開者が三々五々と集まってくる。戦争末期、画家の疎開は全国に散らばったが、藤野という小さな村に、突出してたくさんの画家が集まっている。フジ夕が声をかけ、人から人に伝わっていつの間にか我先にと藤野を目指すようになっていた。

佐藤敬、猪熊弦一郎、脇田和、中西利雄、伊勢正義、荻須高徳、三岸節子ら。一九三六年に結成された公募団体・新制作派協会の中核的な会員ばかりが、なぜか名を連ねている。パリ以来の画友というつながりはあるが、フジタは新制作には所属していない。フジタは会派を超えて人望があり、人に頼られていた。

フジタが木村荘八に「弦さん　亀の甲山の敬さん　扨は池袋辺りの若手の憤がい押しかくす事も叶わず、将来の日本美術を憂うるの情、実に止むべくもあらず、念々日本も大変な時代になりました」と書き送ったときから、半年も経ずしてこれだけの画家が藤野にいるフジタのもとに集まっている。

藤野への疎開が、単に仲間が連れ立って集まってきたという疎開ではなく、「憤慨」や「将来の日本美術を憂うるの情」といったただならない感情と無縁ではないことを示している。

新制作派協会ばかり

新制作派協会は、日中戦争が泥沼化し戦時体制が強化されているさなかに反官展、反アカデミズムの旗印のもとに結成された。藤野に疎開した新制作の画家のうち、佐藤、猪熊、脇田、伊勢、荻須が創立会員である。

新制作の画家たちの多くが、フジタと同時期にヨーロッパ留学を経験し、モダニズム絵画になんらかの影響を受けているという大ざっぱな共通点がある。

ところが、一九四一年の太平洋戦争の勃発の頃から、反体制派だった新制作の画家たちは、積極的に戦争画の制作にのめり込んでいく。藤野に疎開した画家のうち、佐藤、猪熊、脇田、伊勢は、軍部主催の戦争画展に大作を送り、戦争画の大家として大衆から注目を集めるようになっている。

軍部が新制作の画家たちに注目し戦争画への積極的な引き込みを働きかけたのか、画家たちが制作のテーマとして戦争画に大きな魅力を見出したのか、統制的な時局の下でとにかく絵筆を握り続けたかったからなのか。理由は一つではないだろう。

著名な戦争画家たちは、フジタも含め、けして保守的で大政翼賛的な資質を本来的に持っていた画家ではない。

むしろ美校クーデターを起こしたグループ、特にその主役の一人であった横山大観をはじめとする院展の画家は、保守的、国粋的な思想を持っている。ところがたとえば大観は、なぜか戦争そのものを画題に描こうとはしなかった。

モダニズムの画家は戦争画に関わり、国粋派は戦争画を描かない。このような二つのグループの思想と制作のねじれは興味深い。

戦中の美術家たちの思想と活動の関係は単純ではない。すなわち、戦争画を描いたか、描かなかったかが、軍国主義に協力的だったか協力的でなかったかの単純な基準にはならないことも示している。

話をもとにもどしたい。こうした戦争末期の錯綜した美術界を背景にして、新制作の画家たちがフジタのいる小さな山村に結集している。

彼らは頻繁に集まり画論を戦わせ、時世を語り合った。地域住民とも積極的に交流し、食べものを受け取り、絵でお礼をした。子どもたちに絵を教えることもあった。画家たちは村のメインストリートにゴッホ通りとかモネ街道といった名前をつけて面白がった。藤野の多くの家が、滞在画家たちから受け取った作品を忘れられない思い出の形見として、今でも大切に保管している。

フジタは出征兵士の家族に豆とカエルの絵「豆にかえる」を贈った。マメに帰る、つまり「生きて帰れ」という意味である。「玉砕」を描く画家が、本当は戦争をどう見ていたのかを知る小さな手がかりかもしれない。

藤野に集まった画家たちは、彼らなりの生き方で、次の時代の到来を待っていた。

藤野の人々に今日まで言い伝えられていることがある。

だれが言い出したのか確かではないが、この土地に美術大学を作ろうという話が持ち上がった。途方もない計画はもちろん実現することはなかったが、藤野に集まった画家たちが、平和が訪れた時代に、どんなことを夢見たのかを彷彿とさせる話である。

滞在は一年ほどだったが、八月十五日の玉音放送が流れたあと、画家たちは再び三々五々と焼け跡の都会へと引き上げて行った。

余談だが、七十年後の今日、藤野市には未だにアーティストの移住が絶えない。各所に野外彫刻が出現し、アートイベントが活発に開かれ、芸術村もつくられている。

この土地に刻まれた画家たちの記憶は、ずっと長く生き続けたのである。

煙

藤野の住民に伝えられてきたフジタについての伝説がある。終戦から間もなくのある日、フジタのアトリエの前の庭から勢いよく煙が上がった。

この出来事について、美術評論家・田中穣は「九月はじめの朝の事だった。フジタは庭先に掘った穴のなかで、戦争画のためのスケッチや資料、写真などを焼いた。朝から午後にかけて昇り続けた煙が近隣の人々に不審を抱かせた程、証拠隠滅を計るフジタは徹底していた」（『評伝藤田嗣治』）と書いた。

田中の記述に対して、君代はこのような誤解を訂正したいと強く望んでいたという（近藤史人『藤田嗣治「異邦人の生涯」』)。こうした誤解とは、フジタが証拠隠滅を謀ったということで、それは誤解であると。「証拠隠滅」とは、ある行為の存在を抹消しようという意図から生まれる。フジタは戦争画に関わったことを自分の人生から消し去ろうとしていたのであろうか。

さらに夫人は、田中の本の戦争画についての記述に強い不満を持ち、同書をもとにしたテレビ番組の制作を中止させたとも言われている。

フジタははたして、戦争画を描いたことに罪悪感を持ち制作行為と作品を隠蔽しようとしたのか、それとも戦争画は自らの芸術探求の必然的な結果だと考えたのか。

フジタの人生を記述する書き手は、戦後のフジタの戦争画についての考えや態度について、このような二者択一の問いかけをしばしばする。

もし、やましい思いを抱いていたのなら、一九四九年のフジタの離日は、戦争画問題の追及をかわすために後ろめたさに追い立てられて日本を脱出したという通説は正しいことになる。藤野での「証拠隠滅」は事実だったということになるだろう。

「戦争画は自らの芸術探求の必然的な結果」だと考えていたならば、では、なぜ日本を離れなければならなかったのかという問いに、答えを用意しなければならない。

九月の初めに、疎開先の庭で、フジタが大量に何かを焼却したことは、藤野の町の人には周知の明白な事実になっている。なぜなら、フジタから焼却を手伝わされた子どもがまだ存命でその証言もあるからだ。日頃、広い屋敷の雨戸の開け閉めを手伝わされていた子どもたちである。

庭先で焼いたものはいったい何だったのか。

二つの「アッツ島玉砕」図

戦争画を描いたことに罪悪感を持ったのか、それとも戦争画は自らの芸術探求の必然的な結果と考えたのかという二つの問いかけは、両方ともが正解であると筆者は考える。

その理由は、「アッツ島玉砕」をテーマにした二種類の作品が明らかにしてくれる。

ひとつは、幅一六〇センチの大作（現在、東京国立近代美術館に保管）。

もう一つは靖国神社が発行する雑誌の原画になった「アッツ島玉砕」である。

昭和十八年八月十九日付、木村荘八宛の手紙で、フジタは描き上げた「アッツ島玉砕」の大作について次のように書いている。

「アッツ玉砕を又二百号に描くことによって腕の鳴りが稍《やや》おさまって　この暑さにも驚きもせず」

「アッツ島玉砕」は、アトリエにこもって面会謝絶で四週間ばかりで描き上げた渾身の戦争画である。この作品は、のちにフジタのすべての戦争画の中でももっとも出来がいいと自賛するフジタの戦争画の代表作となる。

フジタは、体験や画論や心象を、書簡や備忘録やエッセイに書いてぼう大な量のテキストを残したが、ほとんど書かなかったテーマがある。自分の絵についての論評である。フジタは徹底して、事は言葉で語り、絵は絵がすべてであるという考え方をした。

ただ「アッツ島玉砕」については、鑑賞者にどんな意味を持ってほしいか、願いを書き留めておかざるをえない。

「一人の老婆にも一人の赤ん坊にもこの画が分かってくれてお父さんか息子か兄さんの姿だとこの画の中の人物を見て貰えばいいのです」(前記手紙)

フジタは「アッツ島玉砕」をだれに見て欲しいかを語っている。同時にどのように見て欲しいかも伝えている。描かれた死体、死に直面した兵士を自分の身内だと思って欲しいと言っている。

鑑賞者の肉親である出征兵士とは、アッツ島の守備兵だけに限らない。あらゆる戦場で戦死したか、死にゆこうとしている身内である。

「アッツ島玉砕」は、公開された「国民総力決戦美術展」(昭和十八年九月)で鑑賞者に異常な感動を与えた。戦意高揚の血をたぎらせたという意味ではなく、祈りを捧げる巡礼者にさせたのである。

画家・野見山暁治に、フジタのアトリエに住み込んでいた女友達がいた。野見山は彼女から

「アッツ島玉砕」ができ上がった日のことを詳細に聞いた。

「山崎部隊長を先頭に全員玉砕の姿を写したその画面のまえに家の者は集まってローソクをともし線香をあげて冥福を祈った。夜も更けたと思われるころ、画面の中央に描かれている山崎部隊長、それから画面に散在している兵隊の顔がふっと笑いかけて元どおりの顔にもどったという。『御霊還る』。この不思議な出来事は翌日の新聞に写真入りで報じられていた。そのときローソクがゆらゆらと揺れて少し明るくなりました。と女友だちは異常な感激をこめて語ってくれたものだ。」(『四百字のデッサン』「戦争画とその後――藤田嗣治」)

「アッツ島玉砕」が展示された展覧会では、作品の前に賽銭箱が置かれ、花が供され、ときにはフジタ自らが絵の横で直立した。手を合わせて頭を垂れた鑑賞者のひとりひとりに、フジタは腰を折って礼を返した。

「アッツ島玉砕」は、軍部が画家たちに課した戦争画を描く目的を突き抜けてしまっている。軍部は「アッツ島玉砕」に初めは戸惑ったが、玉砕を美化したものだという解釈に辛うじて気持ちを納めて、この絵が展示されることを許容している。

絵を礼拝することによって「魂を鎮める」。だれも考えたことのない絵画のはたらきをフジタは「アッツ島玉砕」で見つけようとしている。

「アッツ島玉砕」は軍部の求める戦争画を超えた永遠の代表作だと彼が意識したとき、戦後の劇的な彼の運命が始動したと言えるのではないか。

チャンバラ絵

「制作行為と作品を隠蔽しようとしたのか」という問いかけの答えになる、フジタが描いたもうひとつの「アッツ島玉砕」について触れたい。

東條英機が表紙題字を揮毫《きごう》した『靖國之繪巻』という画集がある。問題のフジタの「アッツ島玉砕」が掲載された号は、靖国神社の昭和十八年秋季大祭に際して刊行された。

ということは、「アッツ島玉砕」の大作が展示された「国民総力決戦美術展」とほぼ同時期に一般に頒布されたということになる。

ここに、藤田嗣治筆「アッツ島玉砕・軍神山崎部隊の奮戦」がカラー見開きで掲載されている。「仰げ　忠魂！」と朱色の見出しも掲げる。

『靖國之繪巻』は昭和十四年から十九年まで全九巻が刊行された。現在、国学院大学のホームページで、全巻全ページが研究資料として公開されている。『靖國之繪巻』の全巻に掲載されている戦争画は三〇〇点近くある。

ところが、「アッツ島玉砕・軍神山崎部隊の奮戦」などのフジタ作品は、ページが黒く塗りつぶされて、すべて非公開になっている。

フジタの没後、著作権継承者の君代が、画集やカタログにフジタの作品を掲載することをなかなか許さなかったという話は有名だ。ただ、『靖國之繪卷』はすでに出版された本である。ホームページは全ページを編集なしにまるまる公開しようという意図がある。にもかかわらず、掲載が著作権所持者によって拒否された理由は、編集の問題ではなく、「公開したくない」という特別の理由があったからだろう。

雑誌の現物を手にしてみると公開を拒否した理由がわかるような気がする。おそらく水彩画であろう。軍刀や銃剣を振り回す日本兵たちが、ほとんど無抵抗の敵兵を次々に切り倒していく。鬼のような顔面の日本兵は雄叫びを上げ、敵兵はやられるがままに断末魔の悲鳴を上げる。

これがフジタの手になるものかと疑うような、戯画にもならない気の入っていない二級の「チャンバラ」絵である。

しかし、フジタはこういう絵も描くということなのである。一九四三年という時代の、フジタという画家の生々しい生き様が見える。

『靖國之繪卷』には全巻を通して、こうしたフジタの「チャンバラ」が七点掲載された。しかし、原画の行方は今はわからない。

藤野のアトリエの庭で火にくべられたものは、こうした種類の絵であったのだろう。

一般に、多くの画家は、旧作のすべてを残そうと考えたりはしない。画家は新しい世界を切り開いて生きていくために、過去を選別しなければならないからである。

フジタには二つの戦争画があった。一方は軍部に追蹤し、大衆の娯楽に供しようというもの。描き手はアルチザンを任じ、エンターティナーを演じきる。しかし、心の底で、鑑賞者を嘲笑い、かつ自分に唾を吐く道化となっている。

一方で「アッツ島玉砕」の大作がある。描いている死者に取り憑かれるのを心底おびえながら、もっと克明にさらに細部へとのめり込んでいく筆を握りしめている画家がいる。

この二つの領域を自分の中で、絶妙のバランスで共存させることができる稀有の画家がフジタである。

フジタを、画家として志が不純だ、変節していると批判することは実にたやすい。だが、あまりに安易でもある。世界の東と西、大衆と芸術、時局と創造に切り裂かれるような場を、孤立無援で体を張って切り抜けようとしてきた日本人画家はおそらくフジタしかいない。

そのような意味でも、戦争画は、フジタという人間の本質を知るための重要な手がかりとなるはずである。

第二章　フランク・シャーマン

黒い海原

フランク・シャーマンは遊歩甲板のフェンスにもたれて、タールのような黒い海を眺めていた。波もなく月もない夜を走る輸送船は、はるか彼方の底知れない深淵に吸い込まれていくような気がした。

集会室の窓の中から、馬鹿騒ぎの大声がもれてきた。将官はだれも止めようとはしない。船内には、昨日日本が無条件降伏を受諾したことが知れ渡っている。

その一報があるまで、兵士たちは死に物狂いのジャップたちと、血みどろの戦いをしなければならないと信じ込んでいた。消灯時間を過ぎると、寝室のあちこちからすすり泣きが聞こえ、それが不気味な合唱になって夜が明けるまで続いた。

一報は兵士たちを死の恐怖から解放しただけでなく、勝利をもたらした英雄になったような高揚感に包んだ。

彼らは戦闘員から征服者になった。

「おれたちが無知な野蛮人を叩き直してやらなければな」

「凝りていないやつがいたら、キンタマを蹴り上げてやるさ」

賛同の歓声がいっせいに上がった。

シャーマンは日本がどんな文化を持った国であるか本で学んでいたので、仲間たちに何か言ってやろうかと思ったが、そんなことをすれば袋叩きに遭いかねない。ひとり寝室にもどったシャーマンは、姉への手紙に、やり場のない腹立ちをつづることしかできなかった。

船の出港を見送りに来てくれた友人が、フジタが原爆で死んだという訃報がフランス語の新聞に出ていた、と耳打ちしてくれたことを思い出す。もう、あの「妖精の国」は、何もかも消滅してしまったのだろう。人々は、焼け野原の廃墟の間をあてどなくさまよう亡霊になっている。

戦争は終わった。そして日本は死んだ。僕はいったい何のためにこの船に乗っているのだろう。

生い立ち

フランク・エドワード・シャーマンは、一九一七年六月二十五日、マサチューセッツ州ボストンで、父フランク（同名）と母エレンの間に生まれた。男八人女二人の十人兄弟の末っ子だった。

父親が建設業を営む中流の家庭だった。子沢山でもありけして裕福とは言えないが、シャーマンはボストニアンの紳士であることを厳しくしつけられた。同時に子どもが自分の夢を実現するための支援を惜しむことはなかった。

多忙な両親の家庭で、彼にもっとも影響を与えたのは、エスターとミルドレッドの二人の姉である。

その本を初めて姉から読み聞かせられたのは、物心ついたばかりの頃だった。二羽の鳥が黒いシルエットで描かれた表紙を彼ははっきりと覚えている。ラフカディオ・ハーンの『Glimpses of Unfamiliar Japan』（知られざる日本の面影）。

どちらかの姉をつかまえては何度も音読をせがんでいるうちに、「知られざる日本」はシャーマンの心の中に、くっきりと鮮明なイメージをつくり出していった。

彼はボストンの街も人々も心から愛していたが、いつ頃からか、いずれこの街を出て行くだろうと思い始めるようになる。図書館から借りた、日本についての本をあれこれ読みふけるうちに、毎日見慣れた風景とはまったく違う世界がこの世に確かに存在するという確信がふくらんでいく。いつかそれをこの目で確かめてみなければならない。

彼の少年時代に建国一五〇年をやっと超えたアメリカは、ヨーロッパや東洋に特別の憧憬を持っていた。ボストンは古い貿易港で、その意識がとりわけ強い都市だった。その象徴が街の文化的なシンボルでもあるボストン美術館である。民間有志の力でつくられた美術館が、世界的にも傑出した日本美術のコレクションをつくり上げたのも、先の理由からうなずける。

収集に貢献した考古学者・エドワード・モース、美術史家・アーネスト・フェノロサ、浮世絵収集家・ウイリアム・ビゲローは、日本に長く滞在し、欧米に日本文化を紹介する重要な業績を残した。また、同館の中国・日本美術部長を務めた国際的な文化人・岡倉天心の名も忘れることはできない。

シャーマンが生まれ育った地が、日本文化の深層に本物の教材を通して触れることができる環境だったことは重要である。後年、フジタの作品と出合って、それが現代の「日本美術の名品」だと確信することができたのも、ボストン美術館が身近にあったことが大きい。

彼にとって、ボストンは芸術を学ぶ最高の環境だったし、それが郷土への愛情を育むことにもなった。だがそれが彼をこの地にしばりつけることにはならなかった。むしろ、ボストンの中の日本を通して、海の外へ羽ばたく夢をふくらませることになったのである。

ボヘミアンの王様

十五歳の時である。兄弟のだれかが日曜日に買うグラビア雑誌の中に、シャーマンはひとりの奇妙な日本人を見つけた。

まじめくさったポーズだが、コント芸人のようなコスチュームを着ている。「fou fou（フフ）」

（お調子者）というニックネームがあるツグハル・フジタという画家だった。

別の一枚の写真は、著名な画家や紳士淑女に取り巻かれて、悠然とたばこをくゆらすロイド眼鏡の男。少女のおかっぱのような髪型は、パリといえども他のだれにも似合わないこの男だけのスタイルだった。

一人の日本人が、まるで一九二〇年代パリの自由奔放な空気のすべてを演出しているように見えた。フジタは、パリの最先端、つまり世界最先端のアートの、しかも最高の人気画家だった。

彼はこれまで本によってつくられていた日本のイメージが砕け散るような衝撃を受けた。欧米文明から失われてしまった愛おしき「妖精の国」のイメージではなく、欧米もまだ到達していない未来を切り開いている日本人がここにいる。

絵を描くことが好きで手先の器用な彼はその頃画家になるという進路を決めていた。高校の担任の先生も賛成してくれたし、両親も応援してくれている。

でも、どんな画家になるかというイメージはなかった。フジタの記事は、どんな絵を描くかよりも、どう生きるかが大切だということを教えてくれた。彼にとって、ボヘミアンの王様フジタは、画家の究極の理想になった。

シャーマンが芸術家になることを本格的に考えた一九三〇年代の前にヨーロッパでは、キュビスム、フォービズム、シュールレアリズムなど美術思潮の革命が起こっていた。絵画がファッションや建築やさまざまなデザインと領域を交え、さらに新しい創造が目まぐるしく生まれようとしている。アメリカはそのただ中からははずれていたが、さまざまな雑誌を通しての刺激が、彼の心を絶え間なくかき乱した。

彼はキャンバスに絵の具を塗るという仕事を超えて、あらゆる視覚芸術の理論と技術を片端から学ばなければならないという気持ちに駆られた。その結果、マサチューセッツ州教員養成大学、ボストン美術学校、ウェントワース・インスティテュート、フィラデルフィア・アカデミーなどのいくつもの美術学校を渡り歩くことになる。学んだ内容は、絵画、彫刻、美術教育、印刷術、工芸デザイン、商業イラストレーション、製図術、美術史と多岐にわたった。

一九三九年には、デッサンを学ぶために、パリのアカデミー・グランショーミエールに短期留学もした。

その時のことである。授業の合間に、にわかボヘミアンをきどって、モンパルナスの街路をうろついている。

カフェ「ル・ドーム」の前を通りかかった時、いきなり頭を鷲掴みにされたような驚きを覚えて足が止まった。テラスの方を見ると、白いスーツを着こなしたおかっぱ頭の男が一人で座っている。何か手紙のような書き物に没頭している。ときどき空を見上げて考えにふける。

シャーマンにはまったく心の準備ができていない。なんとか迷いをふり切って、フジタに向かって一歩踏み出そうとする。そのときどこからともなく若い日本人の女性が現れてフジタの横に座ると熱烈なキスをした。

女性から顔を離したフジタは、じっと見ているシャーマンに気づく。フジタは軽くウインクを返してくる。いたずらをみつけられた少年のように、シャーマンは恥ずかしさで体中が熱くなり、そのままどこへともなく歩き始めるしかなかった。

大きな獲物を逃したような後悔に苛まれたが、いつか必ずもう一度出会うチャンスがあるはずだ、とシャーマンは心に目標を刻んだ。


アートのことを一通り学んだあと、アトリエにこもるのではなく、まずは広告会社に勤務し、実務的な仕事に身を投じてみることにした。しかし、太平洋戦争のさなかである。一九四三年十二月一〇日、シャーマンは徴兵を受け、合衆国陸軍・工兵科・第六十四地形図技術工兵大隊に入隊した。

この年、まだ日本とアメリカは、太平洋のあらゆる場所で血みどろの戦いを繰り広げている。入隊が、心に刻んだ目標への第一歩になるとは、夢にも思わなかった。

来日間もないフランク・シャーマン

横須賀

一九四五年十一月、シャーマンは横須賀に上陸した。

横須賀は日本海軍の要衝だったが、ほとんど破壊を免れて軍港としての機能が温存されている。アメリカは、日本の占領を展開するときの軍事拠点として、当初から横須賀の利用を目論んでいたからだ。とはいえ、少し街中に入ると、激しい空襲の爪あとは隠しようもない。

だが、廃墟の中を人間が生きる屍のようにさまようという、輸送船の中で見た悪夢はたちまち裏切られることになる。人々の表情は明るく、街の通りには生活の活気があふれている。

歩けば女も老人も、大きな声で人を呼び止め、何かを売りつけようとしている。困ったのは、どこからともなく現れ、泥だらけの手で袖をつかむ子どもたちだった。彼らが一生懸命押し付けようとする壊れた時計や万年筆と、シャーマンのポケットにある何かとを交換するまで手を離そうとしない。シャーマンはリュックにあるお菓子や煙草をせびられるままにふるまったが、そのうちになんだか無性に愉快になってくる。

派手なワンピースで装い、頭を赤や黄色の原色のスカーフを巻いて闊歩する若い女たちは媚を帯びた笑いを投げてくる。いったいこんな華やかな生地をどこで手に入れたのだろうか。

地面にむしろが敷かれて、さまざまな本が並べられている。シャーマンは仕事柄もあって足を止める。『FRONT』と題のある雑誌が何冊かある。ページを繰ると、戦時中に日本で発行されたプロパガンダ雑誌だとわかったが、そのデザインと印刷技術の高さに目をみはった。

並べてあった『FRONT』四冊ぜんぶを取り上げて、胸のポケットから金を取り出そうとすると、店番の少年はシャーマンのリュックをさかんに指差す。リュックからコンビーフをひと缶出してみると、少年はすばやくひったくる。満面笑顔にして「サンキュ・ベリマッチ」と言った。

扇情的な色刷りの絵が表紙を飾る雑誌が並べられている。内容は手にとらなくても想像できる。終戦から数ヶ月しかたたないのに、どうしてこれほどの種類が作れたのだろう。そのことが驚きだった。

シャーマンは、破壊のあとのカオスの中から、とてつもないエネルギーが確かな鼓動を刻んで発動していることを実感している。

両親への手紙

「日本の第一印象はできるだけ早く書き残しなさい」。

ラフカディオ・ハーンの『知られざる日本の面影』は、「ある親切な英国人の助言」から始まる。

「まるでなにもかも、小さな妖精の国のようだ。人も物もみんな小さく、風変わりで神秘的である。青い屋根の小さな家屋、青いのれんのかかった小さな店舗、その前で青い着物姿の売り子が微笑んでいる」(池田雅之訳、角川文庫)

シャーマンはハーンの文章を姉から何度も読んでもらい、少年時代からほとんど空んじている。日本に上陸して間もなくの一九四五年十一月二日、シャーマンは隊の友人と連れ立って、小田急線相模原の近郊を散策した。

シャーマンは散策で見た「日本の第一印象」をすぐにボストンの両親に書き送った。

「昨日は休日で、これまでに一番興味深い時を過ごしました。あの雪を頂いた有名な山、フジヤマの景色をなるべく近い所から見ようと考えて、十マイルぐらいのところにある丘陵の村まで、ローカル電車に乗って行きました。駅には木炭で走るバスが二台駐車していました。

町はきちんとした暮らしをしているように見えました。鍛冶屋があり、床屋、大工、金物屋がありました。それから通り過ごすことはできない魅力的なおみやげ屋がありました。店員たちは東京と同じように洋服を着ていて、お辞儀をして僕たちを店に迎え入れました。

買い物が終わって、店を出ようとすると、ドアのそばの籐椅子に座っていた日本人が英語で話しかけてきました。店の二枚の扉は広く開かれ、太陽が差してとても暖かでした。下校途中の子どもたちが、好奇心いっぱいにくすくす笑いながら近寄ってきました。籐椅子の日本人が私に英語で話しているのを不思議そうに眺めていました。

フジヤマがそばの丘の上に少しだけ顔を出していました。

道に沿って歩いていくと、小柄なかわいらしい老婦人に行きあいました。彼女はツィードのスカートにきちんとしたジャケットを着て、白い靴をはいていました。活発で、学校の先生のように見えました。ニューヨークに何年か住んでいたという彼女は上手な英語を話しました。彼女の家を見たいと言うと、非常に喜んでくれました。

海岸の回り道を通っていくと、岩と砂地の方まで土地が耕されている所がありました。むしろに貝殻がならべてありました。何に使うのかと聞くと、天日干しして食べるのだと答えました。まさか食用だとは思わなかったので、恥ずかしくなってそれ以上の質問はしませんでした。

彼女は、『家はあまりにも小さいので驚くわよ』と笑いました。壊れそうな家が立て込んでいる間を通り抜けていくと、やっと彼女の家に着きました。

僕たちがもてなしを受けた様子をどんな風に説明したらよいのかわかりませんが、とてもシンプルでした。彼女は訪問を心から喜んでくれました。外でお茶を沸かすために、薪で小さなこんろに火をおこし、忙しく働きはじめました。

となりに住んでいる従姉妹がさつまいもをふかして持って来てくれました。僕たちはキャンプの中で調理されたものしか食べてはいけないことになっていたので、好意を断らなければなりませんでした。でも、お茶と鉢に盛ったみかんを少しだけいただきました。

アメリカを発つ前に、さまざまな忠告をしてくれた牧師さんは、日本人のことを『野蛮な異教徒だから注意しなさい』と言いました。彼は日本人を非難する前に、事実を知るべきだと思いました。目のつり上がったギャングや毒矢を吹く殺人鬼がいる国と僕たちに信じ込ませてきたことが、いかにお笑いぐさかとわかりました。

僕たちに対する日本人の接し方は最高です。彼らの道徳や行動は、牧師さんの兄弟たちよりもはるかに優れていると思いました」

シャーマンのささやかな一日の体験は、彼が日本でやるべきことを目覚めさせたとは言わないが、日本に対する自分の目を持たせたことは間違いない。

ラフカディオ・ハーンはまだ江戸の面影が随所にあった一八九〇年に初めて来日した。失われゆくものをいとおしむハーンを迎えたのは西洋文明に憧れる日本人だった。

シャーマンが日本の地に立ったのは、完膚なきまでの破壊が至る所に放置された一九四五年だった。お互いに血も涙もない殺人鬼だと思い込まされた者同士が、武器を捨てて初めて出会うことになった土地である。

彼は自分が征服者の一員としてこの国に送り込まれてきたことを知っている。日本人は、笑顔でアメリカの駐留を受け入れた。日本人はどんな状況でも笑顔が平穏をもたらす便利にして最終的な手段であることを知っている。どんなに謙虚になって親近感を抱こうとしても、相手は心の底で自分を恐れていることを心に留めておくべきだとシャーマンは自分に言い聞かせる。

バンカー大佐との再会

日本の降伏によって第二次世界大戦は終結したが、中国大陸では、中国国民党と中国共産党の内戦が再開された。アメリカ陸軍省総司令部は、中国大陸の詳細な地図の作成を急いでいる。GHQに接収された新宿伊勢丹百貨店で、六〇〇人以上のスタッフが地図の製作に取りかかっている。

シャーマンは部隊教養教育支局・陸軍情報課の印刷スペシャリストとして、十人以上のスタッフの指導に当っている。

コロネル・E・バンカー大佐が、卓球台ほどの大きなテーブルが整然と並ぶ三十坪ほどのホールを視察に来た時、シャーマンは数人の日本人スタッフに最新の製図器の使い方を教えているところだった。バンカーの目に留まったその光景は、監督の話を真剣に聞いている試合前のバスケットボールチームを思い出させた。

日本人は栄養失調のやせこけた頬に、目をらんらんと輝かせて、シャーマンの説明を熱心に聞き入っている。日系人の通訳の日本語は、どうも日本人には聞き取りにくいらしく、何度も同じ質問が繰り返される。シャーマンはいらだたしさの表情など微塵もみせず、ていねいに相手が腑に落ちるまで根気よく説明を繰り返した。

バンカーは、説明している男をどこかで見た記憶があった。

広い工房を見終えて、一休みしようと食堂に入ると、シャーマンが数人の日本人と談笑しながら、昼食をとっているところに出会った。その場所以外では、日本人は食堂の隅の小さなスペースに身を寄せるように固まって黙々と弁当を食べている。アメリカ人は広いスペースをゆうゆうと取って、煙草をふかしながら大声で話をしている。日本人が横を通ると威嚇するようににらみつけた。

バンカーはシャーマンたちの席に近づくと、日本人たちは姿勢を正し、中には直立しようとする者もいた。バンカーは微笑みながら、手でそのままでいいというジェスチャーをする。シャーマンは振り返った。

「君は確かフランク・シャーマンと言ったね」

「バンカーさん、いやバンカー大佐」

シャーマンはバンカーの襟章を見て急いで言い直す。

バンカーはシャーマンと同じマサチューセッツ州ウェスト・ニュートンが郷里だった。シャーマンが少年時代アルバイトをしていた父親の建築会社で何度か見かけたことがある。バンカーが父にどんな仕事を頼んでいたのかは覚えていない。

「たいへんお久しぶりです。その節は父がお世話になりまして」

「固い挨拶は抜きにしよう。それより、日比谷の方に遊びに来てくれないか。君と少し話したいことがある」

もうひとつの任務

日比谷とは、連合国総司令官総司令部（GHQ）のことだった。シャーマンは訪問前に、バンカー大佐とはどんな人物か同僚に聞いてみた。

同僚ははじめ仰天し、そのあと吹き出して、「お前はなんかかつがれてるんだ」と馬鹿にした。

バンカーは、GHQ最高司令官ダグラス・マッカーサー元帥の二人の副官のうちのひとりで、今はこの国で二番目に大きな権力を持つ男だった。

シャーマンが総司令部の玄関を上がり、担当官に来意と訪問先を告げると、相手は直立して敬礼をした。

執務室をノックするシャーマンの手は緊張で震えていた。

中から、「入りたまえ」という低く温かい声が聞こえた。

勧められた硬い革の応接椅子に座ると、バンカーは執務デスクに座ったまま話をはじめた。

「仕事の話なので、ここで失礼する」

シャーマンはけげんな顔で軽くうなずいた。

「アメリカはこの国に進駐はしているが、日本人を奴隷にしようとは思っていない。進駐を植民地化だと思い込んでいる仲間もいるが、そんなことをしたら、われわれの仕事はあっという間に破綻するだろう。日本は民主主義によってよみがえらせなければならない。彼らに生きる目的を与え、希望を持てるよう豊かになってもらわなければならない。それこそがアメリカの国益にもなる。君ならわかるな」

シャーマンは、体の緊張が少しほぐれ、大きくうなずいた。

「君にやってもらいたい仕事がある。日本の実力あるアーティストたちを探し、彼らの力になってやってほしい。今は何より食べることが先決だ。芸術のことなどだれも振り向こうとはしていない。だがアーティストが生き返らなければ、日本は真の意味で再生することはできない。彼らが求めていることを理解し、具体的な支援をしてほしい。彼らが望むならアメリカへの渡航も検討できるだろう。アメリカ文化を世界水準にしてくれたのは、ナチから逃れたヨーロッパの芸術家だということはもちろん君も知っているはずだ。日本の芸術家の希望がアメリカの国益になることもある」

シャーマンは体が熱くなってくるのを覚えた。

「なぜ、そんな仕事を私に命じるのですか?」

「べつに同郷のよしみで声をかけたわけではない。君の仕事ぶりを逐一拝見させてもらったうえで声をかけたことだ。君なら必ずできる」

シャーマンはバンカーを見つめたまましばらく黙っている。バンカーは相手が考えをまとめるのをじっと待っている。

「ひとつお願いがあります。いただいた仕事をGHQの任務としてやっていることが、もしアーティストに知られたら、きっとうまくいかないでしょう」

「それで?」

「私は軍服を脱いで、彼らと同じ目線で話をしなければならないと思います。絵が好きな愛想のいいアメリカ人になりきりたいと思います」

「なるほど。君が地図製作でどうやって日本人を働かせているかを拝見させてもらったからな。その手腕を買って君に声をかけさせてもらったんだ。すべて君の考え通りにやってかまわない。必要な物はなんでも請求してほしい」

シャーマンは任務がおざなりなものではないことを確認して、身が引き締まる思いがする。

「ありがとうございます。もうひとつ相談があります。フジタ・ツグハルという画家をご存じでしょうか」

「もちろん知っている」

「彼はまだ生きてるんですか」

「生きているとも。それが?」

「できれば、彼に会いたいんですが」

バンカーは目をそらせて考えている。

「居所を私の口から言うのは難しいな。フジタは工兵部隊の下で働いてもらっている。日本の軍部が描かせた戦争画を集めるという仕事でね。ところが、フジタは任務をあちこち吹聴したために、収集作業そのものが国内でひんしゅくを買い始めている。戦時中軍部に協力した人間がGHQの手先に寝返っていると考える日本人もいる。そういう風にフジタを見て、袋叩きにしようとねらっている連中がそこら中にいる。ベルリンでもパリでも同じことが起こっている。ナチへの協力者は徹底的に暴き出され、容赦のないリンチが行われている。だから、工兵部隊は神経をとがらせている。頭に血が上った日本人がわれわれに矛先を向けてきてはかなわんからな」

フジタが生存していることを聞いただけでも救いだった。

「わかりました。ありがとうございます」

バンカーは立ち上がると、シャーマンの横に立ち肩を軽くたたいた。

「君なら、必ず彼を見つけるだろう。がんばりたまえ」

シャーマンは翌日、部隊教養教育支局・陸軍情報課のケリームズ中佐に呼び出された。

「君の待遇条件が変わったので、その書面を作成した」

年俸五四〇〇ドル。昨日までの給料の六倍だった。ちなみに当時の日本人サラリーマンの年俸の約二〇〇倍だった。

高級車、自宅。そして、三〇坪の専用オフィスの供与。シャーマンは目がくらくらした。

「こんなに僕には必要ないと思いますが」

「上からは、それでも足りないかもしれないが、とりあえずと言っている。ほかに問題がなければサインをもらえないか」

「オフィスが凸版印刷とありますが、どこですか？」

「君の仕事場だ。総司令部のオフィスというわけにはいくまい。凸版印刷は、日本の最高水準の印刷技術を持っているところで、工場は空襲を免がれて残っている。〝印刷及び出版スペシャリスト〟という君の肩書を存分に活かせる場所だ。とりあえず、そこで君の本業を続けていてほしい。アシスタントも必要なだけ用意するから支障はないはずだ」

凸版印刷

時間は少しさかのぼる。

マッカーサーが厚木に上陸した翌日、昭和二十年八月三十一日に、二台のジープに分乗したアメリカ軍の武装した兵士が凸版印刷板橋工場にやって来た。女子従業員たちは更衣室に逃げ込み鍵をかけた。

工場内を一巡すると、将校が会社幹部への面会を求めた。緊張した空気の中で取締役が面会に応じると、日本地図を作って欲しいという命令ともいえる注文だった。

「先日、旧参謀本部から日本地図を押収したが、地名も説明も日本文字で役に立たない、英文に直したものを作ってほしい」

米軍は、工場の規模やドイツ製の印刷機などの設備から、凸版は使える印刷会社として戦前から目をつけている。米軍にとって凸版を押さえることは、最優先課題のひとつだった。

シャーマンが凸版印刷の仕事場に着任したのは昭和二十一年の春。軍服を脱ぎ、アイロンの効いたスーツにネクタイをしめて、民間企業の管理職のスタイルに変身した。アメリカ軍関係の日系二世を雇用し、凸版印刷から熟練の印刷技術者を選び、十人ほどの編集制作チームを作った。

最初の仕事は、『Time』や『News Week』の極東版をアメリカ本国から送られてくる写真や原稿をもとに占領軍向けに再編集することだった。シャーマンはチームのボスだったが、自らタイプライターに向かって文章をリライトし、製図台に向かってレイアウトの線を引くこともある。

日本流の仕事と、故国で学んだやり方を一つにして、流れるようなチームワークを作ることを目指した。シャーマンも日本人の技術に目をみはったが、日本人の技術者はアメリカ流の合理的な仕事術を惜しみなく伝授する彼の言葉に真剣に耳を傾けた。

先任者から受け継いだ仕事だが、シャーマンが何とかすることができないのかと気になっている雑誌がある。アメリカ軍の海外向け宣伝グラフ誌の『YANK』である。第一号は、戦艦ミズーリ号で行われた日本の降伏文書調印式の特集だった。

これほどの歴史的な事件を、単なる報道記事として扱っている。『YANK』の役割には、アメリカ軍がいかに太平洋地域で重要な成果を上げているかを広く伝え、それによって兵士たちの士気を高揚させるという使命があるはずだ。

横須賀に上陸したとき街頭の売り子から買った、日本軍の対外プロパガンダ雑誌『FRONT』の海軍号が仕事机の上にあった。シャーマンはずっと眺めて考え込んでいる。

鋭い眼光で海の彼方をみはる下級水兵の横顔が表紙を飾っている。ローアングルで撮られたインパクトのあるたった一枚のショットが、見事に日本海軍の士気の高さを伝えている。

表現の力は敵や味方という枠にとらわれず、学ぶべきことは学ぶべきだ。シャーマンが『FRONT』から目を上げたとき、到達したひとつの結論だった。

シャーマンは『FRONT』からグラフィックデザインにおける情報宣伝の極意を学び、『YANK』の編集とデザインを刷新した。『YANK』は、GHQの間で評判を呼び、幕僚第二課（G2）、民間情報局などの軍用印刷だけでなく、日本駐留の関係団体からの発注が凸版に殺到するようになっていく。

こうした凸版での〝表向きの仕事〟に、シャーマンは形ばかり携わっていたわけではないことがわかる。有能な部下にすべてを任せ、管理職として決裁書類にサインだけをしていてもすむところを、しゃかりきになって仕事をこなした。凸版での仕事はやりがいがあり、編集技術者として何かを創りだしたいという本性に火をつけたことは事実である。

シャーマンが最初に日本に滞在した十年の間に、グラフィックデザイン、アートディレクション、広告プランニングなどの分野で、日本人のクリエーターに与えた影響ははかりしれない。シルクスクリーン技術、コピー機の導入もシャーマンがはじめてもたらしたものだ。これだけでも一冊の本にまとめられるほどの功績があったが、本書ではこれ以上深入りすることはできない。

シャーマンはバンカー大佐に命令された〝もう一つの仕事〟をさぼっていたわけではない。そろそろそちらへ話をもどさなければならない。

第三章　GHQの戦争画収集

来訪

「この世に生まれがいの仕事をしました」（昭和十八年八月十八日付書簡）と木村荘八に書いた、会心作「アッツ島玉砕」の大画面右下に、戦後フジタは小さな加筆修正をした。「藤田嗣治」を「T.Fujita　1943」という横文字のサインに変えたのである。「藤田嗣治」は「Fujita」に生まれ変わって世界に羽ばたくことを夢見ている。

一九四五年九月の下旬。藤野のアトリエの前に米軍の将校を乗せたジープが土ぼこりを舞い上げて止まった。軍帽を脱いで汗を拭きながら降りてきたのは米軍工兵局美術班長バース・ミラー少佐である。

ミラーは一九二〇年代パリのフジタを知っていた。

「あなたが困っているのではないかとやっとのことで探し出したが、無事で何より」と、笑顔を振りまきながら、日焼けした大きな手を差し出す。

ミラーは、アメリカ人の画家団体のひとりとして、二十年前にフジタのアトリエを訪ねたことがあった。そんなことはすっかり忘れているフジタも、あたかも旧知の友との再会のように話し始めている。こんな山奥に戦勝国の将校がわざわざ安否を聞きに来ることなどないだろうと胸の中でわかっていながらも、そのことを顔に出したりはしない。


ミラーは、フジタ訪問の数日前に朝日新聞社計画部次長・松永倫美のもとを訪れている。

ミラーは訪問目的を、戦争画制作者の氏名と保管場所の調査であると伝えた。朝日新聞は、戦時中軍部に協力して戦争画の企画展を数多く開催している。苦労をねぎらうためにやってきたのではないことはわかっている。松永は脇腹が引きつるのを押さえることができなかった。もし、戦争画制作者に何らかの罪を問おうと言うなら、自分たちの責任も免れえないだろう。

ミラーの要望はまず作品のリストを作り、すみやかに戦争画の収集に取りかかりたいということだった。戦争画が制作されたこと自体には寛容で、いくつか絵を挙げて出来栄えを賞賛しさえした。松永はほっと胸をなでおろした。

ミラーは松永の顔に血の気が差したのを見て、すかさず調査活動の協力者にフジタを指名した。世間話をしているような口調が一変して命令になっている。

「彼の居所を知っているね」

猫に見つめられたネズミは、あっさりとフジタの居場所を教えてしまう。

GHQが日本への進駐活動を開始してひと月ほどの時期に、ミラーの仕事が開始されたということは、GHQが戦争画について特別の関心を持っていたことを示している。

芸術に関わりない一般の軍人がこの仕事に就いたのなら、GHQは戦争画を一般の戦争関連資料のひとつに過ぎないとみなしていることになる。ミラーは画家だった。

そこにフジタが関わる。仕事が専門家に委ねられたということは、作品を選別することが任務の一つにあることを意味する。

しかも、有無を言わせぬ迅速な行動が要求された。

松永は「たしかに」とひとり言を言う。「もはやこの期に及んで戦争画を人に見せたいなんて思っている画家はいないからな」

焼き捨てられてしまうか、土に埋められてしまうか。収集は時間との勝負だった。

亀裂

フジタがミラーとともにジープに乗り込みどこかへ走り去ると、村は大騒ぎになった。

「フジタが戦争画のことでGHQに捕まった」

村人たちの噂話はたちまち、疎開画家たちに伝わった。

夕方、フジタが何事もなかったような顔で自宅にもどると、画家たちは間もなくフジタの家に集まってきた。

フジタは得意げな顔で語り出す。

「アメリカで戦争画の展覧会をやりたいそうだ。それで、旧知のミラーがぼくに白羽の矢を立てたのさ。全国から戦争画を集めて、選別し、傷んだものは修復する。さらにいちいち説明を英文で書いて、アメリカに送る。まあ、たいへんな仕事になるさ」

と少し愚痴を言ってみたものの、大乗り気であることは、うきうきとした顔に隠していない。集まった画家のなかで、腕を組んで黙りこむ者がいた。唇を嚙んでうつむく者もいた。困ったことを引き受けてくれたことだ。口にする者はいなかったが、フジタ以外の画家たちのだれもの心境だった。


暗い気分になった画家たちは、数日前の晩のことを思い出していた。

終戦の虚脱感から、解放感がほかほかと生まれはじめていた。みんなで和気あいあいと、これからやりたいことを語っていると、キャンバスには見たこともない世界が広がり、絵の具は違った色に見えるような気がした。

何ヶ月もアトリエに籠もったままだれにも顔を見せなかったオヤジさんは、青白い顔に目をらんらんと輝かせて途方もない未来を語っている。

「ようやくフジタ節の復活だ」とだれかが言うと、爆笑がわき起こる。

場が静まると、フジタはしんみりと語り始めた。

「ぼくは、みんなが許してくれるなら新制作（新制作派協会）に入ろうと思っている」

「二科会はどうするんだ？」

「もうもどるつもりはない。それより君たちこそ、世界を目指す画家になれるとぼくは見込んでいる。だからここにいるんだろ。ぼくの腕試しができる相手は、日本にはもう君らしかいない」

フジタの発言にみんなは歓声を上げ拍手を送った。


あの晩と打って変わった今日の異様な空気を、フジタはそれとなく察している。だが「どうしたんだ」と聞くことはしなかった。

彼らの気持ちもわかった。だが、フジタの肚は固い決意に固まっている。


フジタは自分が渾身で打ち込んだ戦争画は、必ず海外で賞賛されると見込んでいた。世界がどのような絵を評価するかということは、パリという芸術の中心地で身をもって経験していたからだ。

しかし、ほかの画家たちはそういう体験を持ったことがない。戦時中に戦争画に関われたことは、画業の中断から免れられた幸運な機会であった。作画上のさまざまな研究を試みることもできた。

だが、戦争画は特殊な時代状況の中で手がけざるをえなかった絵でしかない。今はもう戦争画を描こうとは思わない。できれば二度と見たくない。忘れたかった。

藤野への疎開グループのひとり佐藤敬は戦後に書いた自伝で、戦争の時代を「恐怖と嫌悪」という言葉でつづる。

「私は戦争に対する恐怖と嫌悪の中で、熱狂の暴風に自己を喪失し、愚かな葦となって混迷するのです。戦争遂行一途の軍部権力の圧力と、何一つ知らされず戦果だけに酔う、国民的愛国心の厚い壁の中で、だれがこの激流を押しとどめる事ができたでしょう」（佐藤敬『遙かなる時間の抽象』）

猪熊弦一郎は過去を振り返るときでも、戦争画についてはけして語ることがなかった。

フジタが戦争画の収集のためにGHQの協力者になることは、新制作の画家たちには認められない。

藤野の「秘密結社」には大きな亀裂が入りはじめている。

「米国へ渡る戦争画」

フジタとGHQが手を携えて戦争画を収集し、アメリカで展覧会を開こうという計画は順調に進んでいた。

昭和二十年十二月三日の「連合国軍の肝煎りで米国へ渡る戦争画　数十年後には再び故国へ」と題した朝日新聞の記事は、GHQの意向に追従し、戦争画の存在意義を認めるような論調になっている。加えて、戦争責任問題などどこにもなかったかのように、「藤田画伯」の実力を讃える論調さえある。

「今度の第二次世界大戦にも各国とも大小はあれ、それぞれ武力と並行して文化面の活躍に力を注いだ。日本もまた開戦以来多くの文芸作家、美術家を戦線に送り、これらの作品を通して国民をして戦争完遂へと進めた。ことに美術家の戦線への動員は極めて大規模で…、日本画、洋画、彫刻合せて百人以上にも達する。これら作家の手になる記録画は陸海軍合わせて百余点にも及びいずれも展覧、台覧の栄に浴し、数百万の国民を感動せしめた。終戦後連合国総司令部のケーシー少将並びに戦争芸術作品部員は次々にこれら二百号の作戦記録画に接して、これら作品は戦時宣伝画としての使命を果たしていると同時に美術的にも価値が高いと考え、現在各地に分散しているこの種の作品を都美術館に集めたうえ優秀作品のみを選択、アメリカに運び、各所で展覧する計画が進められている。このほど本国政府の承認を経て藤田画伯が戦争画説明のため総司令部嘱託に正式の任命があった」

続いてフジタの談話を掲載する。

「私らにとっては誠にうれしいことです。戦争記録を描いたものに対してとやかく言われていますが、私たちは美術的価値を毫も失いたくないと真剣に描いたもので、それが、世界の檜舞台に出るのはうれしいことです、戦争画を描いた作家は確かに勉強しました。同じ戦争画を描いたフランスのドラクロワと並べてみてさらに勉強しなければならないと考えています。またアメリカは、日本から軍国的色彩がなくなった暁、三十年か五十年かしたら、持っていった作品を全部返却してくれると言う事も言っていますし、美術に対して実に理解深い当事者の人たちには感謝の外はありません」

「勉強」とフジタは謙遜するが、明らかに自分の戦争画が、ドラクロワと一騎打ちをすることを夢見ている。そして、三十年後に海外から戦争画が日本に凱旋する時、日本の美術史が塗り替わるだろうという空想も言外にほのめかしている。

頓挫

しかし、フジタへの順風はここまでだった。戦争画のアメリカへの移送に待ったがかけられたのである。

命令を出したのは、他でもないGHQ最高司令官マッカーサーだった。

戦争画はアメリカひとりのものではない。国際法に照らせば、連合国の共同管理に置かれなければならない。戦利品なのか、文化財なのか。文化財であるとすれば、移送してしまうと、のちに略奪したとみなされかねない。マッカーサーの見方はある意味で客観的で公正だった。昭和二十一年八月二十一日から九月二日まで、管理先の上野の東京都美術館で一二九点が、GHQの関係者に展示された。

そこで、戦争画の評価と位置づけは真二つに意見が分かれる。

収集の責任者、ケーシー少将は、日本が戦争美術の作成を重視していたこと、戦争画には芸術的価値の高いものがあるという意見から、破壊は避けなければならないと考えていた。

しかし、ケーシーの部下であったシャーマン・リーは意見を異にした。

シャーマン・リーはGHQの美術記念物課に配属された日本美術の専門家である。のちに米クリーブランド美術館の館長となり、同館を世界的な美術館に育てた辣腕のキューレイターである。一九四六年から四八年の滞日期間に、日本美術の目録作成や正倉院の開封に関わるなど、専門家として功績を残した。

ただ、近代美術、ましてや戦争画の専門家ではなかった。シャーマン・リーは自分の見解をまとめるにあたり、親しい日本の画家である横山大観、梅原龍三郎、安井曾太郎の助言を参考にした。

その上で、彼は一九四六年九月十六日の朝日新聞に、戦争画についての論評を投稿した。

「これらの絵（日本の戦争画）はいうまでもなく宣伝の目的で描かれている。その目的から見れば効果的だと考えられる。陳列画の大部分の手法は今開かれている現代日本画展（院展、二科）

の高い手法には明らかに劣っている。

……これらの戦争画は今日の世界的な意義ある、また興味ある多くの絵画とくらべてその地位は殆《ほとん》どないと言ってよい。過去の大部分の宣伝のための絵と同様にこれらの絵画は芸術家の世界では間もなく忘れられるだろう。最後にこの展覧会は真の日本絵画を代表していないからこれらの絵画を通して日本の画家に何ら示唆することも出来ない」

ケーシーはリーの意見に押され、戦争画の扱いについての結論をうやむやにし、次のように結論をまとめた。

「日本の戦争戦略を賛美するような絵画は、日本の非軍事主義化と関連して、どんな場合でも総司令官の指示に従って、価値を評価し、破壊するためもしくは、上級機関から示される次の指示のために接収され、日本から持ち去らねばならぬ。すべての作品が接収されたとき、総司令官から指名された代表者が、コレクションを調べ、次の当を得た行為を指示すると思われる」

（平瀬礼太訳『姫路市立美術館研究紀要第三号・一九九九年』）

ケーシーは、以上のコメントをＧＨＱの内部報告書に残し、戦争画は、それから約二十年間ほこりをかぶったまま眠った。フジタが日本を去る二年後まで東京都美術館の一室にあった戦争画は、一九五一年に公の目に触れることなく梱包されて、アメリカに移送され、さらにどこかの倉庫に保管されることになる。

いずれにせよ、「アッツ島玉砕」「サイパン島同胞臣節を全うす」が海を渡って公開されて、〝日本の世界的な巨匠の傑作がアメリカ人を驚かせる〟という、フジタの夢想はついえた。

一方で、枕を高くして眠ることができるようになった人間もいた。

「フジタがＧＨＱと手を組んで日本の美術界を牛耳る」という悪夢はどうやら見なくてもすみそうになったからである。

第四章　フジタはどこに

呼吸するフジタ

凸版印刷には、新聞などの定期刊行物で報道される日本の文化情報を翻訳してもらう専門スタッフがいる。就任早々シャーマンは、彼からフジタがＧＨＱのもとで戦争画の収集をしているという新聞記事の英訳を受け取っている。

シャーマンは、フジタが元気に仕事をしていることを知ってまずは胸をなでおろしたが、同時に落胆と懸念とがゆっくりとふくらんでいる。

落胆は、フジタは当分戦争画収集の大仕事に追われて、自分のような特に会う理由を持たない人間との面会のチャンスは来ないだろうという推測からである。

懸念は、その仕事は本当にうまくいくだろうかということである。

たとえ戦争画がうまく集められたとしても、それをアメリカ一国の戦利品ということにはできない。それ以前に、戦争画を武器など軍事関連の物品のように、戦利品だと言えるのだろうか。連合国の他の国は黙っているだろうか。

さらに、アメリカの言い分をうまく通したとしても、もしアメリカ国内で展示を行ったら、とんでもないことが起こるだろう。

今アメリカは、日本を惨めな敗戦国としていくばくかの哀れみを持つようになっている。しかし、アメリカを侮蔑し戦争を独善的に煽った絵画などを広く展覧したら、大衆は再び日本への憎悪を燃え上がらせることになるに違いない。日本人の主要画家が参加した戦争画を日本のアートの本質だとみなし、日本美術は軽蔑と非難でずたずたにされるに違いない。

そのトップにフジタがいる。

懸念はどす黒い不安となって渦巻き、シャーマンはいてもたってもいられなくなる。

シャーマンは長い手紙をバンカー大佐宛に書いた。

日本の戦争画展をアメリカで開催することが、日本の復興をいかに阻害し、アメリカの国益さえもそこなうことになるか。綿々とタイプした訴えは、レター用紙五枚をびっしりと埋めた。

手紙の返事はバンカー大佐からはひとこともなかった。

だが一ヶ月後。マッカーサーがじきじきに本国での戦争画の公開をストップさせたという噂を教育情報局（CIE）の知り合いから聞くことになる。

シャーマンは複雑な気持ちだった。公開ストップは、胸にわだかまっていた暗雲を払拭させてくれた。

だが、フジタはどうしただろう。朝日新聞に載った彼の意気軒昂なメッセージから考えるとひどく落胆していることだろう。会ったことはないが、彼がどのような気持ちに陥っているか手に取るように分かる気がした。

シャーマンはフジタと一度も話をしたことがなかったが、十五歳の時にグラビア雑誌で眺めたフジタの写真のイメージはしっかりと頭に焼き付いている。パリのカフェに座っていたホンモノのフジタを遠望した体験は、頭だけのイメージを呼吸する人間に作り変えている。

バンカー大佐に手紙を出したことで戦争画の米国移送が中止になったわけではないだろうが、フジタの希望を妨害することになったような思いにとらわれている。

フジタは間違いなくこの国のどこかで生きている。しかし、自分は彼に謝ることも慰めることもできない。

台車の印刷物

少し外の空気で頭を冷やそうと、廊下に出た。

向こうから印刷作業員の服を着た男が、大きな台車に何か印刷物を積んでやって来る。

奇妙なことに荷物の上に白い布がかけられている。工場内での印刷物の移動にいちいち丁寧に布をかぶせたりはしない。

不審に思ったシャーマンは、作業員を呼び止めた。

「それは何ですか?」

英語が分からないふりをして相手は切り抜けようとしたが、シャーマンはかまわず布を持ち上げた。刷り上がったばかりの一円札の束が、台車にぎっしり一メートルぐらいの高さに積み上げてある。

作業員はうろたえるというよりも、敵と一戦を交えようとする兵士のような眼光を発した。シャーマンは、なぜ札束がここにあるかという不審感が湧く前に、印刷の見事さに感嘆した。

「素晴らしい出来栄えだ」

作業員の表情は武装解除された。アメリカ人が何を言いたいのか理解できなかったが、しどろもどろの英語で早口の説明をしはじめた。

「これは日本政府からの依頼で印刷しているもので、何も問題はありません」

「それは分かっているよ。それより、この絵はだれが描いたのだい」

作業員はシャーマンの関心を怪訝に思う。

「描いたのはうちの図案スタッフですが、選んだのは藤田先生だと聞いてます」

「フジタ?」

「藤田嗣治先生です」

「何だって」

「あの、ここで紙幣を印刷していることは、どうか内密にしていただけないでしょうか」

「大丈夫。わかっているよ。それより、紙幣デザインの責任者はだれだい」

「鈴木、ですが」

「ああ、鈴木和夫さんか。よく知っているよ。ありがとう。こういうお札ならみんな喜ぶだろう。日本の経済もきっとよくなるはずだ」

作業員はやっと肩から力が抜けた。彼の背中を軽く叩いたアメリカ人は、はずむような足取りで廊下を遠ざかっていく。聞こえてくる口笛のメロディーは「リンゴの唄」だった。

居所

紙幣印刷の責任者・鈴木和夫は、机の横に座ったシャーマンが、世間話をするようにフジタの話をとりとめもなく続けているのに戸惑っている。

シャーマンはいきなりフジタの居所を聞いて相手を警戒させる愚をおかさない。少年時代からどれだけ憧れてきたか。フジタのどんな絵が好きか。フジタへの思いのたけを鈴木の前で綿々と披露している。

鈴木は日頃、アメリカ人の前で何もかもに卑屈になっている自分に嫌気がさしている。しかし、シャーマンは一人の日本人画家を憧れの大スターのように賛美している。まんざらでもない。それにしても、フジタのことについて自分より何倍も知識があるとは。鈴木は舌を巻く。

鈴木は仕事上でときどきフジタを訪問していたが、あの社交的なフジタが最近は人に会うのを嫌がっているのを知っている。

それと、君代はGHQの関係者たちについて、口をふさぎたくなるような悪口を鈴木の前でまくしたてることがある。

どこから知ったかフジタの家を事前連絡もなく訪問する米軍将校たちがいて、我が物顔でアトリエに上がり込んでくる。その絵をよこせ、おれのワイフの肖像画を描けなどと、勝手な要求をする者がいる。フジタが不承不承注文に応えてやると、形ばかりの砂糖やコーヒーの袋を置いてサンキューの一言で絵を奪い取っていく。君代は屈辱に耐えられなくて、フジタの背中をたたくが、フジタは「しかたがないさ」と笑って済ますだけらしい。

そういう愚痴を鈴木は君代から何度か聞かされていたが、シャーマンには一言も言うつもりはない。

だが、この日はシャーマンの弁舌にはめられてうっかり口をすべらせてしまう。まさか、シャーマンが一刻を争ってフジタに会いたがっているとは思いもしなかったこともある。

「じつはここだけの話ですが、フジタはこの近くの板橋区（当時）小竹町に住んでいますよ」

シャーマンは叫び声を上げそうになったが、なんとか自分を抑えた。

「疎開先は引き払ったとは聞いていましたが」

「八王子にしばらくいて、こちらに移ってきたのはまだ最近ですね」

「そうなんですか。今度機会があれば紹介してください」

「ええ、そのうちに機会があれば」

鈴木は外交辞令でなんとか済みそうなので、胸をなでおろした。

シャーマンは次の作戦を実行した。

「フジタはたくさん画家仲間がいるでしょうが、だれが親しいのですか」

「そうですねえ」

鈴木は、フジタが以前親しかった画家たちと、いろいろと微妙な問題でギクシャクしはじめているのも知っていた。無難な名前を一人思いついたのが、戦争画の取材などでフジタと交流があった洋画家・向井潤吉だった。

「向井潤吉さんですか。聞いたことがあります。彼に会うことはできますか?」

鈴木は、彼だったら問題はなかろうと、あっさり住所を教えた。

紹介状

鈴木がどんな風に知らせていたかわからないが、アメリカ人が訪ねて来るとあって、向井夫人はずっと前から玄関脇の窓で来客を見張っていたようだ。

玄関前にシャーマンが立ったとたん、ノックする間もなく扉が開いた。暗がりに夫人が顔をこわばらせてこちらを見ている。後ろの上がり框にベレー帽をかぶった向井潤吉が直立不動の姿勢で立っている。

シャーマンは感じた。これがいま画家たちが置かれている率直な心境だと。

極東国際軍事裁判が開かれようとしていた。戦争の責任をだれに負わせ、どこまで追及しようとしているのか、だれもわからなかった。アメリカが自分たちをどのように見ようとしているのか見当もつかなかった。

密集する瓦屋根の上を爆撃機の巨大な影が横切る「蘇州上空」など、緊迫感のある戦争画を描いた向井潤吉は、世田谷区の閑静な住宅街に住んでいた。戦後、作品はだれも想像ができなかったような世界に一転する。日本の各地を旅して古い民家を描き、何もなかったかのような田園風景の中に、向井はひたすら平和のあり様を探り当てようとしている。

玄関に立っているビジネスマン風のアメリカ人は、頭をさげて日本風に挨拶をすると、ほほ笑みながら来意を告げて手土産を差し出した。

向井宅の訪問は、フジタ訪問のための考えぬいた段取りだった。GHQの制服を着て、居丈高に来意を告げたら、玄関を開いてはくれるかもしれないが、相手は硬い鎧で身を固めたまま、社交辞令を言葉少なに語ることしかしない。

応接間に通されたシャーマンは鈴木に語ったのと同じように、フジタをいかに敬愛するかを綿々と語った。

「自分の思いをフジタの家の玄関先で少しだけでも伝えられれば満足である。ついては、紹介の労をとってもらえないだろうか」というシャーマンの熱心な説明を向井はしだいに理解した。わざわざ自分のところまで出向いてきて、フジタを騙そうなどとすることは考えにくい。日本美術についてのシャーマンの理解も、にわか勉強だとは思えなかった。

向井は喜んで紹介状を書きましょうと答えた。夫人はお茶のおかわりでもてなすために台所に立った。

向井宅訪問は、フジタ訪問の予行演習としても大いに成果があったと、シャーマンは思う。シャーマンにとってフジタ訪問はそれほど周到でなければならなかった。胸ポケットに収めた紹介状とフジタの住所が書かれたメモは、ようやく手に入れることができた宝島の地図に思えた。

第五章　挑発

恐れられたフジタ

多くのフジタ伝に書かれてきた、〝戦争画批判とフジタ〟についての通説がある。

いわく、一九四六年の一月にＧＨＱから発令された軍国主義者の公職追放で個人審査がはじまった。追及は政界財界だけでなく文化人にも及び、画家も戦犯に挙げられるかもしれないと美術界は色めき立った。そこで犠牲の羊にだれかを指名し、差し出さなければならない。美術界ですぐに名前が挙がったのがフジタであったと。フジタはそのような動きを知り、打ちのめされ、もはや日本にはいられないと悟り、必死で日本を脱出した、と。

この言い伝えの後半は事実とは異なっている。

フジタが犠牲の羊としてＧＨＱに差し出される計画はごく一部の画家だけの頭にあったものであり、大衆の前に引きずり出されて糾弾されようとしたことはない。だからそのことでフジタが精神的な打撃を受けることもなかった。

真実は、戦後、フジタは美術界で再び大きな力を持つのではないかと、画壇の一部で恐れられ、フジタの復活をさまざまな手段で阻もうとしたということである。

恐れた人間は二種あった。

ひとつは、戦争末期にフジタを排除して準備を進め戦後の体制をほぼ固めた画壇勢力。フジタの名声と威力が息を吹き返したらどんな事態が起こるか、政治的な影響を推測したグループである。

もう一つのグループは、戦争画に関わった画家たちの一部である。彼らは新しい出発のためには、戦争画を過去の亡霊として早く葬りたいと考えている。

戦時中に軍部とマスコミによって日本全国を巡回した戦争画展で、フジタは圧倒的な人気作家になっている。美術愛好家や画家たちによる狭い世界で扱われていた絵画が、子どもから老人までの日本人の多くの目に触れた。それは日本の美術界での前代未聞の出来事だった。

そのスーパースターが「藤田嗣治」である。フジタがスーパースターであったことは、フジタが日本を去ったあと多くの人間が忘れていく。

しかし、一九四六年という時点において、フジタがスーパースターであることは、子どもから老人までもが知っている常識だった。

そのフジタが、GHQから白羽の矢が立てられて、日本中の戦争画を集めるという仕事に関わることになった。

スーパースターと時の最高権力のＧＨＱが手を結ぶ。そのことによって生まれる結果を日本の美術界の多くの人間が想像した。

そして動いた。目的は異なれども、フジタを排除することによって利害が一致する人間が闇の中で手を携えたのである。

手を携えた人間の過剰な妄想は、フジタが政治的な権力を掌握すると考えたことである。しかし、フジタは全人生をつらぬいて一度も政治的な行動をしたことがない。

フジタは無類の人間好きで、自分には厳しいがお人好しで、慕う人間があらゆるところからフジタのもとに集まってきた。フジタはそのだれをも歓迎した。

それを政治的な力と勘違いした人間こそ政治的な人間ではなかったか。

「美術家の節操」

フジタがミラー少佐からの依頼を受けて、戦争画の収集を開始して間もなくの十月十四日、朝日新聞の〈鉄箒〉欄に「美術家の節操」と題する画家・宮田重雄の投稿が載った。

「きのうまでは軍のお茶坊主画家でいたフジタや猪熊らが、こんどは進駐軍に日本美術を紹介するための油絵と彫刻の会を開くとは、まさに娼婦的な行動ではないか？」

この投稿は、戦争画を描いたことへの批判を装いながら、フジタがＧＨＱとつながりを持っていることを告発しようしていた。

進駐軍のための油絵と彫刻の会というのは、事実誤認情報《ガセネタ》だった。宮田は、フジタがGHQと密接な関係を持ちはじめたことを小耳にはさんで、ウラをとらずに告発キャンペーンを開始している。猪熊（弦一郎）は、フジタといっしょにGHQの仕事はしていない。

宮田は戦時中軍医だったが、国画会という美術団体に所属する画家でもあった。戦争画に関わることはなかったが、積極的に関わらなかったということで、軍部ににらまれたとか、絵具の配給をされなかったとか、画家として特別な不利益を被った事実もない。

宮田がいきり立って、フジタが進駐軍の「娼婦」になったと非難する動機はどこにあったのだろうか。というか、宮田はなぜ戦争画を描かなかった画家たちの「代表者」になりえたのだろうか。

それとも、「美術家の節操」はだれかに背中を押されての投稿だったのか。

宮田の人脈の中で重要な二人の画家がいる。一人は梅原龍三郎。戦時中の美校クーデターで教授に就任した洋画壇の巨頭だった。宮田が所属する国画会のリーダーで、宮田は梅原を師と仰いでいた。

もう一人は同じく国画会の画家、益田義信。宮田と同じ慶応大学の出身で、二人は同時期にパリ留学をした盟友だった。

益田はのちに、梅原、安井曾太郎や日本美術院の中核日本画家とともに、日展攻撃の先鋒になる。益田は、三井財閥を作り上げた明治財界の巨頭・益田孝の孫でもあった。益田孝は茶人として鈍翁の号で知られ、古美術の大コレクターだった。

おさらいになるが、安井（一水会）、梅原（国画会）、日本美術院は、それぞれ文部省の官展に反旗をひるがえしてきたことで共通する。かれらが一つに手を結んだ重要なターニングポイントは、昭和十九年の美校（のちの東京藝術大学）クーデターだった。宮内庁官僚の重鎮にして古美術の庇護者、侯爵細川護立の支援を受けて、それまでの教授陣を一掃し、彼らの息のかかった美術家をすべてのポストに据えた。

これが、戦後画壇の重要な一角になっていく。日本が破滅の崖っぷちにあった昭和十九年という年は、ほとんどの画家にとって、このクーデターの意味と行方を冷静に考えられる時期でなかったことは言うまでもない。

戦後間もなく、安井、梅原、日本美術院に益田義信を加えたグループは、次の大きな城郭に対する攻撃を着々と準備していた。文部省、帝国美術院（日本芸術院）が担う日本最大の公募展組織である日展である。

戦争画のスーパースター・フジタが、ＧＨＱと組んで彼らの前に立ちはだかろうとしている。フジタの戦争画収集活動がそのように受け止められたとしても不思議ではない。

「美術家の節操」が朝日新聞に投稿されたのは、まさにそのようなタイミングだったのである。

フジタは宮田の批判を受けて立った。

「元来、画家は自由愛好者で軍国主義者であろうはずは断じてない。たまたま開戦の大詔が渙発されたから、国民の義務を遂行したまで」（十月二十五日、朝日新聞〈鉄箒〉「画家の良心」）

反論することが賢明だったかどうかはわからない。戦争画を描いたこと、描き上げた作品についての自信、そしてGHQから与えられた誇らしい任務からくる高揚感が、彼に筆を執らざるをえない心境にさせたのかもしれない。

ただ、宮田の投稿が何かの挑発だったとすれば、その政治的な罠にフジタは見事にはまってしまったことになる。

宮田は、「フジタは戦争画を正当化する画家」という印象を大衆に印象づけることに成功した。だが、「戦争画家フジタ」のキャンペーンはそれ以上広がることも深まることもなかった。

ただマスコミは、フジタというキャラクターは、今なおきわめて面白いニュースネタであると、しっかりと胸に畳み込むことを忘れていない。

もうひとりの巨頭

この時期、軍部に協力し戦時下の美術界に君臨した日本美術院のリーダー横山大観（美校クーデターの黒幕でもある）は嵐が去るのを息を凝らして待っていた。復活を期す政治家の多くの処世術はそれだった。

一九四六年に日本美術会が作った「美術界に於いて戦争責任を負うべきもののリスト」（後述）で、フジタと並んで「戦犯画家」の筆頭に挙げられることになる大観は、戦闘場面を描くいわゆる戦争記録画には一枚も手を染めていない。

しかし、大観の戦争中の活動は、戦闘画を一枚描くよりも、国家への純粋な奉公とみなされ人々から賞賛された。軍部は、その行為が国民に及ぼす精神的な効果を喜ぶとともに、経済的な実利を高く評価した。

そのやり方とは。

一九四〇年四月二日から七日まで、「横山大観紀元二千六百年奉祝記念展〈山に因む十題〉〈海に因む十題〉」を、日本橋の三越と高島屋で同時開催した。富士や松や桜のある日本の象徴的な風景モチーフだが、それが単なる床の間に飾るための絵でないことは明白だった。画家が語らなくても、観覧する人間は無言のメッセージを理解した。

「大観の絵には日本人が命をかけて守らなければならない国土がある」と。

出品作は破格の値段で軍需産業の関係者に買い上げられた。代金で購入された戦闘機四機を、陸海軍に献納した。その美談を作ることが、展覧会企画者の最大のねらいだった。

日本美術会の「戦争責任を負うべきもののリスト」で、大観に向けた「罪状」には次のようにある。

「横山大観。美術報国会会長、美術界に於いて建艦運動、飛行機献納運動を率先して提唱し、軍国熱熟成に力を尽くした。また神秘的選民思想、排外主義思想を絵画化して国民を欺瞞するに力があった。国家神道の鼓吹者」

一九四五年十月、大観は戦争協力の容疑でＧＨＱに呼ばれて尋問された。結果は容疑なしとして不問に付される。大観はこの尋問のあと、米国人将校を築地の料亭に招いて歓待した。そればかりでなく、彼は日本美術院の同人に小品を描くよう呼びかけている。十一月三日、日本橋三越で大観と同人たちの作品を展示し、ＧＨＱの将校を招待した。招待客が気に入ったものがあれば、大観は喜んで作品を進呈した。

宮田は、「進駐軍に日本美術を紹介するための油絵と彫刻の会を開くとは、まさに娼婦的な行動ではないか」と、間違った情報によってフジタを糾弾したが、「娼婦的な行動」という語を向ける先を間違えていたのではないだろうか。

第六章　出会い

フジタ訪問

シャーマンが思いの外早く向井潤吉の紹介状を手に入れたことを知った鈴木和夫は、少しあきれた顔をしたが、快くフジタに連絡を取った。

昭和二十一年の春に、フジタは武蔵野線（現・西武池袋線）の江古田駅にほど近い板橋区（現・練馬区）小竹町に移転している。薄いブルーに塗られた建物が、蔦の密生する垣根と庭の芝生に映えて、周囲のくすんだ板塀の街並みから際立っている。

約束の日、フジタは白い大きな木戸の前で待っていた。シャーマンは緊張で前日からよく眠れていない。

シャーマンはまだ二十九歳。会う相手は三十近く年上の世界的な巨匠である。シャーマンの中では「世界的な巨匠」という空疎な尊称以上に、畏怖の感情がふくらんでいる。

しかし、フジタのかっこうはシャーマンにとって不意打ちだった。あいさつの言葉より前に吹き出しそうになる。

アメリカ軍の将校が着るアイゼンハワージャケットで出迎えたのである。フジタは年来の知己の訪問を迎えるように「よくいらっしゃった」と英語で温かく迎えてくれた。

シャーマンはどこに行くにも庄司喜蔵という凸版の社員を通訳代わりに同行させており、シャーマンとフジタの交友の多くに付き添っている。庄司はのちに浅水と号し、有名な書誌学者として知られるようになる。ただ、本稿では彼は黒子として省略させていただく。

シャーマンがジャケットから目を離さずにいると、「私の手作りですよ。似合うでしょ」

ちょっとお茶目に微笑んでみせる。ジャケットはアメリカ人への媚などではなく、進駐軍の軍人たちが街を歩く開放的な東京の街で、今自分が着こなしたいファッションはこうなのだというフジタ流の表現なのである。

緊張で張っていた力が肩からすっと抜ける。

「まだ引っ越してきて間がないものだから、荒れ放題の庭もなかなか片付かなくてね。これは昨日植えたばかりの薔薇だけど、この日和だと来週には咲いてくれるかもしれない」

自慢そうに小さな黄色いつぼみを指の先で軽くはずませてみせる。

家に向かうフジタの後ろをついていくと、白髪は坊主頭から手入れなく伸びかけている。少し猫背になった背中には、心に描いていた往年の威勢は感じられない。

薄暗い玄関を入ると絵の具の匂いが鼻をつく。ここにはまぎれもなくフジタのアトリエがある。魔法の国がいきなり現れたようなめまいをおぼえた。

批評

応接間の壁に描きかけの大作が無造作に立てかけられている。西洋風の面立ちをした三人の裸婦が荒涼とした野原で軽いリズムに体をはずませている。

「まだ描きかけなんだけど、どう」

ボストンの学校では子どもの頃から、質問されたら即座に答えを返すのが礼儀だと躾けられてきてはいた。しかし、初めて会話をする憧れの〝巨匠〟から、自作の批評を求められたシャーマンはさすがに言いよどんだ。

女性のデッサンの卓抜さとか、動感のハーモニーとか、とりあえず思いつく印象でつないでいるうちに、ふと気になることにシャーマンの心が引っかかった。じっと耳を傾けているフジタが次の一句を目でうながしているように見える。

「でも、もう少し明るくなった方が。色調のことではなくて、生命感というか、人物に比べて、背景がどこか寂しいのではないでしょうか」

真剣に聞いていたフジタの顔に笑いがふくらんでいる。

「実にいいことを言ってくれる。ぼくが考えあぐんでいたことを見事に言葉にしてくれたね。

アイゼンハワージャケットを着たフジタ（撮影：フランク・シャーマン）

君はぼくの絵をよく知っているということがその一言でわかる」

後日シャーマンが再びフジタの玄関に入ったとき、三人の裸婦の大作（「優美神」聖徳大学所蔵）は、色とりどりの花が大地を覆い尽くすように咲き誇っていた。

シャーマンは、少年時代からどんなにフジタを尊敬してきたか、それを伝えるためのプレゼンテーションを何度も自室で練習してきた。しかし、フジタはそういう話にはまるで関心を示さず、自分の画論や画家としての信念をとうとうと話し続けている。あっけにとられているシャーマンにフジタはようやく気がつく。

「こんな話、ぼくの絵をわかってくれる人にしか話さないさ」

フジタはこういう話をだれにでも繰り返してきたのだろう。でも、しばらく話し相手がいなくなっていたのかもしれない。

シャーマンは来意を伝えるタイミングを失ってもじもじしている。

「向井潤吉さんからの紹介状をもらってきたんですけど」

「向井君？　元気かい。しばらく会ってないな。それよりアトリエに入りたまえ」

書状にはまるで関心を持たないフジタは、人をめったに入れることはないというアトリエに初対面のシャーマンを招待してくれた。

紙と鉛筆があれば

「ちょっと手伝ってくれないか」

壁際の大きな書棚の上に、巻いたままのキャンバスが乱雑に天井近くまで積み上げられている。フジタは脚立に登るとそれらの何本かをシャーマンの腕に降ろした。クリーニングしたてのスーツにホコリが降り注いだ。

床におろすと、キャンバスの片側を押さえるように指示して、フジタは広げていく。民族衣装を着た中南米の人々、沖縄、日本各地の土俗的な情景もある。世界恐慌でエコール・ド・パリが幕を閉じ、一九三〇年代にフジタは中南米を旅した。日本に帰ると、戦争が始まるまで、日本各地を回り、土着の人々の姿と生活を描いた。寵児となった一九二〇年代の華やかな舞台を自ら降りて、新しい世界への冒険を始めたフジタが何を求めようとしてきたか、一枚一枚の絵はシャーマンの心に強いメッセージを送り続けた。

窓から進入する大きな影が床の絵の上に広がっていく。日がすっかり傾こうとしている。フジタは、今はほとんど無言だった。シャーマンがときおり口にする、何気ない寸評にじっと耳を傾けている。

「精密な線描、繊細な陰影。持てる技術をすべて注ぎながら、もっと大事なこと、人間たちの命の躍動感と、あなたの心と体は一体になろうとしている」

フジタの目の周囲が赤くなりかかっている。

「そう、ぼくはそれをずっと求めてきた」

「戦争中も？」

フジタは目頭を押さえてから、シャーマンをじっと見た。

「もちろんだよ」

「これからどうするのですか？」

「キャンバスと絵の具。いや、紙と鉛筆さえあれば私はどこでも生きていけるよ」

見得ではなく、フジタだったら本当に生きていくことができるだろう、とシャーマンは思う。

「また、パリへ？」

「そうだな。この国では紙と鉛筆だけがあればいいと考える画家はいなくなってしまった。這い登ろうとする者を引きずりおろし、その肉に食らいついて生き延びようとする者ばかりだ」

フジタは栄光の舞台で賞賛の拍手を何度も浴びたが、社会の深淵の闇を同じほど覗き見てもきた。それがフジタの人生だ。

「私にもきっと何かできるはずです。どうかお手伝いをさせていただけないでしょうか？」

「君はまだ若いのに。なぜ、私のような老人のことを気遣うのかい？」

「ぼくは十八の時にパリであなたを見ました。若々しくはつらつとしてパリの王様のようでした。あれからあなたはずいぶん老いたけれども、芸術はずっと変わっていない。青年のようです。世界はまだあなたを必要としています。ぼくは画家になれないかもしれないけど、あなたからもっと学びたい。未来の創造も見てみたいのです」

フジタに伝えようと思って練習していた言葉が、思いのたけとなって吹き出していた。

「一息つかれて、お茶でもいかがでしょうか」

フジタの娘かと思うような若く美しい女性が、盆に湯気の立つカップをのせていつのまにか現れている。

「これはこれは珍しい貴人のお出ましだ。外人がうちに来るとほとんど顔を出すことがないんだが」

「はじめまして、君代と申します」

「凸版印刷に勤めているフランク・シャーマンといいます」

君代は微笑みながら握手を受けてくれた。三毛猫が一匹、従者のように君代の足元に控えている。

「どうぞごゆっくり」

君代と猫は足音を立てずにゆっくりとアトリエから出て行く。

フジタはシャーマンの耳元でささやいた。

談笑するフジタとシャーマン

くつろぐフジタ夫妻（撮影：フランク・シャーマン）

「彼女は一部始終を聞いていたんだよ。君はわが家の客人に合格だということらしい」

猫のデッサン

猫の姿を見たシャーマンは、さっきから気になっていることをフジタに聞いた。

「あのデッサンは?」

フジタはシャーマンの目線の先のデッサンを振り返った。

「さっきまで君代の足元にいた護衛隊長、リンクス殿下だ」

「リンクス(山猫)? あの可愛い猫が?」

「怒らせたら怖いよ。野生の本能を忘れていない。うちの女房も同じだけどね」

シャーマンとフジタはここだけの秘密の共犯者になって笑った。

「見せていただいてよろしいですか?」

フジタは座り続けていた腰を難儀そうに叩きながら立ち上がる。骨董のように見える頑丈そうな木製の仕事机まで行き、その上の壁にピンで止めた紙をはずしてもどってくる。

シャーマンは絵葉書で見たことのある二科展出品作を思い出している。十数匹の猫が歯をむき出し爪を立てて互いに襲いかかろうとしている猫の激しい闘争図だ。第二次大戦開戦前夜のパリで制作された作品である。

それとは対照的にこの猫のデッサンでは、四肢を無防備に投げ出して眠りにふける姿態に、画家はじっと優しい眼差しを注いでいる。無邪気な眠りでありながら、野生の生命力を捉えるために毛筋一本までを緻密に描写している。

動乱のあとの虚脱のなかで、なお生きて描いていることの意味を、このデッサンでフジタはひとり問いかけながら線を刻んだのではないか。

小画面にみなぎる緊迫感と、モチーフの安らぎとの対照に、シャーマンは深く魅入られている。アトリエに忍び寄る夕闇と残照のぬくもりのなかに、いつまでもたゆたっていたいと思う。

「気に入っていただけた？」

「あなたの今のすべてが描かれている気がします」

フジタは黙って立ち上がり、小さなイーゼルに後ろ向きにかけられた小品のキャンバスを取ってもどってくる。

「差し上げる。どうぞ持って行きなさい」

キャンバスの絵は、デッサンの猫を油彩画で描き上げたものだった。

「いただくわけにはいきません」

「あなたに持っていてほしい」

フジタの真剣な目は、固辞することがかえって失礼だということをシャーマンに悟らせた。

シャーマンはフジタのアトリエを訪れた目的が何であったか、わからなくなりそうになる。

シャーマンにとってフジタは、もはや憧れの巨匠以上の何かになっている。

「また伺ってもよろしいでしょうか」

シャーマンはなぜフジタのもとを訪ねたのか、訪問の理由をきちんと伝えきることができたのか不安だった。あまたの物見遊山の外国人の一人にすぎないと本当は思われているのではないのか。

「戦争の間ずっと描き続けていたけれど、ぼくの時間に長い空白ができてしまった。世界でどんなことが起こっているのか教えてくれないか」

「もちろんです。私もあなたから学びたいことが山のようにあります」

シャーマンにとってこの日は、充実した時間を過ごせた思い出の日になっただけではない。フジタに入門を許された忘れられない日となったのである。


フジタから贈られた油彩の「猫」は、のちにシャーマンコレクションと呼ばれるぼう大な絵画などの収集品の第一号となる。シャーマンが深く気に入り、かつ二人の出会いの記念ともなったこの作品を、フジタは後日銅版画として制作し、シャーマンにその原版を進呈した。

フジタにとっても、戦後の閉塞感と開放感の複雑に入り組んだ感情を刻んだこの作品は、重要な記念碑だった。シャーマンがアトリエで見た猫のデッサンのポーズと図柄は、後に描かれるさまざまな作品に何度も登場することになる。

一九四九年に渡米して、ニューヨークのマシアス・コモール画廊で開いた個展は、いわば海外での再起戦となるものであったが、同展に出品した「猫を抱く少女」の膝にこの猫が乗っている。

さらに一九六三年、フジタが晩年を送ったパリ郊外のヴァリエ＝ル＝パクルの農家を改造したアトリエで描いた猫の群像の右下でもこの猫は無邪気に眠っている。

小竹町のアトリエの壁に貼られた「猫」のデッサンは、フジタの波瀾に富んだ戦後の人生をずっと共にすることになる。

第七章　戦犯追及

伝説「内田巌のフジタ訪問」

毎日新聞の船戸洪吉は、特に用事もないのに小竹町のフジタ宅に足繁く通っている。学芸部のキャップにフジタをしっかりと見張るようにと命じられていたからだ。

呼び鈴を鳴らしても、フジタ本人が出てくることはめったにない。船戸は玄関先で、君代といつもたわいない世間話をして帰るだけだ。

「闇の卵がずいぶん上がったわね。でも卵ってやはりおいしいから」

船戸のねらいを知っている夫人は、巧みな話術ではぐらかした。

しかし、熱心に通ううちにお隣さんのように親しくなった船戸に、あまりにも憤慨したある日の出来事を思わずぶちまけてしまう。

その内容は「フジタの戦犯追及」の重要なトピックとして、多くのフジタ伝で繰り返し語られ、フジタが離日するきっかけとなった事件だという伝説へとふくらんでいった。

船戸の『画壇』にある君代の談話から、画家・内田巌来訪の一部始終を引いてみる。

「『ガンさんが来てネ』と、やや興奮した口調で内田巌が訪ねて来たことが語られた」

内田さんではなく、「ガンさん」と呼ぶところに、藤田家と内田との親密度が表れている。

「…よく来たね、と藤田は大喜びで部屋に招じ入れた。…さあガンさん一杯飲もう、と内田に笑いかけた。ところが当のガンさんの表情はさっぱりさえない。ついには大好きな盃を置くと、『実は……』と切り出した。話は、日本美術会の決議で藤田嗣治、つまり貴方を戦犯画家に指名、今後美術界での活動は自粛されたい、というのであった。今日はそれを日本美術会の書記長として通知に来た。

『バカにしているじゃないの、「貴方は、戦争中記録画により軍国主義を」って書付みたいなものを持って来てね、それなのに藤田ったら人がいいもんだから、自転車で鮪なんか買いに行ったりして……』」

食糧事情が最悪の時期に、フジタが自転車でわざわざ鮪を買いに行って、手ずから包丁でさばいて内田を歓待するまでしたことには理由がある。内田は、フジタがパリで面倒を見たこともあるかわいい後輩で、猪熊弦一郎、佐藤敬らとともに新制作派協会の創立会員でもあった。

フジタが疎開先の藤野で、新制作のメンバーと同志的な生活を送ったことはすでに書いた。

フジタは内田を後輩でかつ同志でもある画家として遇しているのである。

フジタの戦犯追及伝説の原点ともなったこの記事には、後に記すようにさまざまな矛盾がある。

それはひとまず措くとして、記事の最大の問題は、君代の証言をそのまま鵜呑みにして伝えてしまったことにある。彼女が、フジタを取り巻く美術界やGHQとの関係について、当時正確な情報を得て判断できたという傍証はない。

ただ彼女が、内田が「戦犯画家」という言葉を使ったことに特別に反応し、大きな怒りを覚えたということは事実であろう。

しかし、「戦犯画家」という言葉を内田がどんな文脈の中で語ったのかは、もっと別の角度からの検証が必要である。

幻のリスト

日本美術会は昭和二十一年四月に創立した美術団体で、のちに公募展「日本アンデパンダン展」を運営し、今日まで存続している。当時、公募団体では官展の組織を継いだ最大の団体「日展」があり、規模ではそれに続く二科展が復興し、院展など日本美術会を上回る大きな団体がいくつも、戦前からの組織で存続したり復活したりしている。

日本美術会の設立には七二名の画家が参加したが、当時の美術界に特別大きな影響力を持ったとは思えない。昭和二十一年にはまだ展覧会も開催していない。

ただ、会の上部団体に共産党系の日本民主主義文化連盟があった。レッドパージが本格的にはじまる前のこの頃、日本の戦時システムへの強い批判を掲げて勢力を伸ばしていた共産党の活動をＧＨＱは水面下で利用していた。

書記長の内田は共産党のシンパだったが、その他の創立会員の多くは共産党に関わりがなかった。ただ、日本美術会で進められた美術家の「戦犯画家リスト」の作成は、日本民主主義文化連盟の指令によるものである。

指令により、日本美術会はあたふたと「リスト」を作成し、連盟に提出した。しかし、ろくな議論も行われずに作られたずさんなリストであることが連盟に見抜かれてしまう。リストは突き返されて、結局そのまま陽の目を見ることなくお蔵入りとなった。こうして「戦犯画家」の追及はお粗末な結果に終わるのである。

もうひとつ重要なことは、ＧＨＱが「戦犯画家リスト」の作成を指示したことも求めたこともなかったということである。

いずれ検証しなければならないことは、法的効力が不明の「リスト」をだれが、何のために作ろうとしたのかということである。

目くそ鼻くそを叱る

船戸の「内田のフジタ宅訪問記事」では、この「リスト」が特別の威力を持ったかのように語られている。問題はそこにある。

告発理由には「藤田嗣治は、創作活動に於て最も活発に積極的に軍に協力した。また文筆に於ても軍国主義的言論をもって活躍した。その画壇的社会的名声は軍国主義運動の大きな力となり、国民一般に与えた影響は極めて大である」とある。

内田はそれをフジタの前で読み上げたのだろうか。

半年前、宮田の激烈な投稿に堂々と反論したフジタが、文面を鼻先で笑うことはあっても、動揺するようなことがあっただろうか。

日本美術会作成の「リスト」には、横山大観、児玉希望、藤田嗣治、中村研一、鶴田吾郎、長谷川春子、中村直人、川端龍子という画家の名がある。

佐藤敬、猪熊弦一郎、脇田和、中西利雄といった、戦争画で中心的に活躍した新制作派協会の著名作家はきれいに除外されている。

日本美術会の告発を通告したのは、結局フジタひとりだった。日本美術報国会の会長・横山大観のもとにはだれも行っていない。

目くそ鼻くそを笑うという言葉があるが、内田自身、戦時中に小品ながら何枚もの戦争画を描いている。

それを知っているフジタを、内田は目の前で糾弾したと船田の記事は書いている。

記事通りだとすれば、戦犯画家告発の茶番劇に、フジタは吹き出したに違いない。

内田にはそれがわかりきっていた。わかりきっているが、通告したというアリバイをどうしても作らなければならない事情があった。だから、笑われるのを覚悟で内田はやむをえずフジタ宅を訪問した。

そういうことなのだろうか。

浪花節

内田の来訪について、フジタは後年次のように書いた。

「私は内田にこう言った。……私が戦犯と極まれば私は服しましょう。死も恐れませんが、出来れば太平洋の孤島に流して貰って紙と鉛筆だけ恵んで貰えば幸です。答えて後は一切その話は打ち切って小竹町から駅迄自転車で出かけて何か買って内田にだけ、私は酒は一口も呑まないからすすめて話がいろいろはずんで来た。

何んな事があっても私は先生を見捨てたり致しません。必ず私一人丈でお世話をいたします。

何うか先生皆んなに代わって一人でその罪を引き受けて下さい。酒が入ってか内田は直ぐに泣く、涙もろい人だった。夜も更けて遅くなって、折柄降り出した雨に、私は内田に洋傘さしかけて提灯の火をたよりに小竹町の駅まで送った。」（夏堀全弘著『藤田嗣治芸術試論』中の「藤田嗣治直話」）

藤田は広沢虎造の大ファンでアトリエではいつもレコードの浪曲が流れている。あの夜の出来事がフジタ流の浪花節に脚色されている。が、フジタの記述にはいくつかの事実もリアルに伝えられている。

冷徹に通告する任務を持った日本美術会の書記長・内田巌が、涙を流すほどの苦しみに苛まれている。その苦衷を察して背中をさすって慰めようとするフジタの姿が浮かぶ。ひどい雨の中、ぬかるみに足をとられながら駅まで送る優しい男がいる。

ＧＨＱからの仕事を受けているフジタはすでに、戦争画を描いた画家を戦犯として追及しないという確約を、当局から直接伝えられている。何よりも、そのことを教えれば内田の苦しみはすぐに解消されたはずである。

「藤田嗣治直話」でフジタが書いた浪花節は、内田を送った帰り道での心境を語る最後のくだりが特に面白い。

「良寛が、一度忍び込んだ盗賊が苦労して庭から逃げにくかったろうと、次の日庭の入り口迄丁寧に通路をかたづけて、再び来た時に盗賊が困らぬようにしてやった気持ちを考えながら、雨水の氾濫で歩けない道を下駄を下げて徒歩で家まで帰ったのだった。人は私を馬鹿のお人好しだと笑った。なかなか良寛の気分にはなれない。私のは真似事にすぎない」

フジタは内田を盗賊呼ばわりしている。そして当人は寛大な良寛のまねごとを演じている。なぜ内田は盗賊なのか。フジタから何を奪ったというのか。

結論を言えば、内田が奪ったのは、画家にとって一番大切なもの、自由に絵が描けるという希望だった。

これから、自由な創作と発表ができる、日本の美術界から争いが消える、腕と腕との正々堂々たる競い合いができる……。奪ったのはそのような、藤野の疎開先で仲間たちと語り合った夢だった。

内田はそれを打ち砕いた、というよりも打ち砕かざるをえない任務を背負ってやって来た、ということである。

フジタはこの面会で、「もはや自分は日本に居場所がなくなった」と思いつめたかもしれない。それほどの心の傷であったから、後に事件を浪花節に乗せておどけてみせるしかなかったのである。

船田の記事は、「『ガンさんが来てネ』と、やや興奮した口調」で、君代が内田巌訪問を語ったと書いている。「バカにしてるじゃないの」とガンさんの行為を批判している。

問題のポイントは「戦犯通告」というよりも、夫人も信じていた内田がフジタを裏切ったということなのである。

夫人は許さなかったが、フジタは内田を哀れんでいる。内田の画家としての技量を評価していたからだ。

フジタが日本を去る前に残した「画家は絵だけを描いてください」という言葉は、彼のような画家に伝えたかったのだろう。

訪問の本題

――座敷に通された内田は、深刻な表情で日本美術会の決定のことを伝えた。

フジタは驚いた風もなく、ただけげんな顔をしていた。

「日本美術会というのは、ぼくはよく知らんが、何か影響力を持っているのかい」

内田は日本美術会が日本民主主義文化連盟に支えられ、ＧＨＱからも応援されていることについて、書記長として鍛えた熱弁を振るった。しかし、フジタはまるでうなずくこともなく、聞き流している。

「今日はもっと大事な話をしに来たんじゃないの」

内田は力が抜けた。内田は「大事な話」をしなければならなかった。フジタにショックを与える「大事な話」の毒抜きをするために、日本美術会の決定を、前座の話に置こうと練ってきていた。しかし、あざやかに足をすくわれた。

内田は言葉を噛み殺すようにして話しはじめた。内田は新制作協会の創立メンバーでもあった。本題は、その立場で伝えなければならないことだった。

「先生が新制作への入会を希望しているという話ですが……。会としてはお断りすることを考えています」

「みんなの総意なのかい」

フジタの脳裏に、新制作の佐藤敬、猪熊弦一郎、脇田和といった、戦争画を共に描き、藤野で夢を語り合った「同志」の顔が次々と浮かんでくる。

「総意と言うか……」内田は口を濁した。

「入会は見合わせた方がいいのではないかと言い出した者がいて、反論もなく、みんな沈黙したので、では、そういうことでと決定してしまいました」

内田は、「だれが言い出した提案なのか」「君はどうしていたのか」と聞かれることを覚悟していたが、フジタはいっさい問わなかった。

フジタはしばらく相手の目をじっと見ていた。内田は体が震え出しそうになるのをこらえた。

フジタは、かすかに諦めの笑みを浮かべて大きくうなずいた。

「わかった」

それ以上は何も言わなかった。

内田の目からとめどもなく涙があふれ出した。

フジタは立ち上がって、内田の肩を軽く叩いた。

「一杯やろうか」

決別

戦前のパリ時代、戦争画、藤野への疎開とずっとフジタの盟友だった佐藤敬と猪熊弦一郎は、新制作協会の総会でフジタの入会が否決されたことを正式にフジタに伝えに行った。

戦時中、疎開先で苦難を共にし、夢を語り合った画家仲間から、フジタは拒絶された。フジタは死ぬまで彼らを許さなかった。佐藤はそのことを自伝に書き残している。

「その後の藤田さんの新制作に対する風当たりは相当なもので、特に私達二人（猪熊弦一郎と佐藤）は段々疎遠になりました。私個人はこの結果を心から残念に思って、藤田さんとの交友を取り戻すために、あれこれ気をつかってみましたがうまくいきません。

数年前藤田さんがスイスの病院でなくなられ、ランスの本寺院で葬儀が行われましたが、私は息子の亜土と共に参列し心より哀悼の意を表しました。荻須高徳さん夫妻も悲しそうな表情で来葬していました。噂では私達の出席はないだろうと云われていたのです」（佐藤敬『遙かなる時間の抽象』）

第八章　フジタとの日々

孤立

戦時中に軍部に協力する形で戦争画を描いたことを、フジタは一度も悔いたことはない。あの状況下で戦争画を描いたことは、画家としての誠実な姿勢であったと信じて疑っていない。また戦争画に関わった多くの画家は、悔いなければならないという脅迫観念に苛まれている。たまたま戦争画に手を染めず、息を潜めていた画家たちの何人かは、戦争画を描いた人間を糾弾することが正義であると信じようとしている。

そのどちらの立場に立つこともしないフジタは、終戦直後の美術界できわめてまれな存在だった。

加えて、戦犯追及におびえるどころか、フジタは海を超えた世界が自分を待っていると信じて疑わず、新しい旅に血を沸かせているタフな画家だった。

旺盛な制作意欲が、キャンバスに向かう腕をひと時も休ませていなかったが、どう見てもフジタは日本の美術界で完全に孤立していた。

日本人はすべて自分が生きることで精一杯だった。

この頃のフジタの心の底を知り、共感できた友人は、フランク・シャーマン一人だけだった。彼はしばらく前まで死闘を繰り広げた〝敵国人〟だった。だが、そのことはシャーマンにとって何の意味も持たなかった。


翼賛的な戦時体制からの解放を謳歌する世間の声が、自由な思考と創造をうながすホンモノの民主主義の胎動であったならば、フジタは戦中の自分に深く思索をめぐらせ、これからの生き方をゆっくりと眺望することができたかもしれない。

しかし、現実は違った。

再起不能と見えた破壊のカオスがただの悪夢だったかのように、すさまじいスピードで日本人の生活と都市風景が蘇ろうとしている。

その一方で、人々の思考を巧みに操る新しいシステムが組み立て直され作動しようとしている。政治、経済、教育といった社会的なシステムだけでなく、生き方や世界観に関わる何かの中で、それはじわじわと働きはじめている。

美術界の中核では国粋的で復古的なイデオロギーによる人脈的組織が作り出されようとしている。それは世界的な美術潮流に対する防波堤となり、国内専用の美術マーケットの構築へと

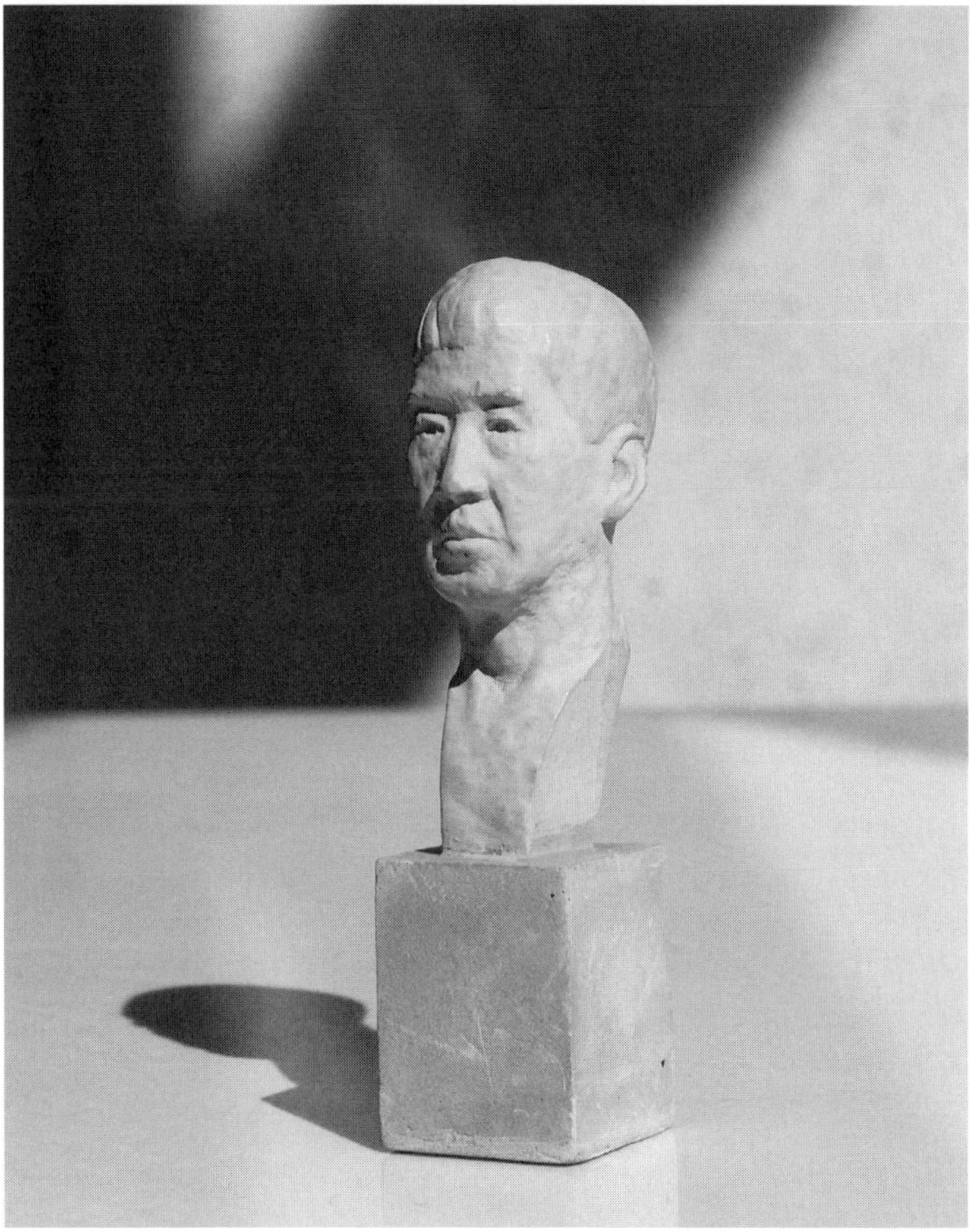

シャーマン作の彫刻「フジタ像」

展開することになる。

アートという、いかなる抑圧からも規範からも解放されるべき営みの中に、思考と創作を拘束する制度が働き始めようとしている。

再生された制度を取り仕切る人間にとって、フジタは危険だった。葬り去るべき存在だった。ようやく還暦を越えようとしていたが、フジタの創造力はなお活発だった。生きる道を開いていく行動力もすさまじかった。

彼らにできることは、一歩も入り込むことができない高い壁を作ることだけだった。その壁が逆にじわじわとフジタの人生と創作を取り囲んでいく。そういう手はずが水面下で着々と進められている。

壁はいつかフジタの芸術創造者としての息の根を止める。

シャーマンがそのことに気づくまでに時間はかからなかった。

老齢を迎えつつあるとはいえ、フジタの立ち居振る舞いと表情から、かつての〝ボヘミアンの王様〟の面影はいつの間にか失われている。

自分が置かれている美術界でののっぴきならない状況についてフジタは弱音のようなことをシャーマンに吐露することはなかった。

しかし、シャーマンはすべてを知っている。シャーマンの勤務先には、マスコミや出版社からもたらされるさまざまな文化界の情報がある。凸版印刷の山田三郎太社長は画家で、美術界の情報に精通してる。今、フジタを取り巻く世界でどんな変動が起ころうとしているか、シャーマンは肌で感じることができる。

フジタはシャーマンがすべてを知っていることを知っている。そういう友情だった。

シャーマンに初めから緻密な計画があったとは思われない。だが、シャーマンがとった作戦は二つあり、一九四九年の離日の日まで、その二つはフジタにとってなくてはならないものだったことが結果的にわかる。

一方は、失意と貧苦にあえぐ敗戦後の東京に、信じられないような文化人たちの交流の場を作ったこと。

もうひとつは、果敢な行動力と頭脳的な交渉術によって、冒険活劇を見るようなフジタの日本脱出計画を実行したことである。

前者は、フジタに心の安らぎを与え、後者は自由に描き続ける世界をもたらすことになる。

二つの話は少し後に送るとして、シャーマンとフジタの交友はどのようなものであったかをたどっておきたい。

入門

初めてアトリエを訪ねた日に「いつでも訪ねてきなさい」という許しをフジタからもらったシャーマンは、それを社交辞令と受け取ってはいない。フジタにもそのつもりはない。純真な少年のように言葉通りに受け取り、シャーマンは三日を置かずにアトリエを訪問するようになる。

それから昭和二十四年にフジタが日本を離れるまで、その交友は途切れることなく続いた。交友はそのあとも長く続くことになるが、出会いからの四年間は特別なものである。はじめは先生と生徒である。やがて庇護される者と、庇護する者の関係に逆転する。フジタは先生であり、庇護される者でもあった。

この奇妙にねじれた関係は、そうならざるをえないそれぞれの特別な状況がそうさせたのである。シャーマンはフジタからあらゆることを学びたいと願っている。フジタは、画家生命が存続できるかどうかの切迫した状況に置かれている。

シャーマンはキャンバスに向かう画家にはならなかったが、資質の基本はアーティストだった。彼はフジタを師としてアートを学びたいと考えたが、結局教えてくれたことは絵の描き方ではなく、ひとことで言えば、いかに職人の目を持つかということだった。

フジタとの交際の多くの時間はそのトレーニングのために当てられたと言ってもいい。トレーニングは、世界的な画家になるための奥義を直々に教えるような内容だった。だが、師も弟子もそんなたいそうなことを意識してはいない。

シャーマンは世界的な画家にはならなかったが、傑出した才能や作品を見出す眼力は、二人の交際の時間の中で徹底的に鍛えられた。

フジタ学校

シャーマンが呼び鈴を押すと、フジタは待っていたかのように出かける装いで玄関に現れる。授業の始まりだ。

破壊され尽くした東京の街から、春の枯野原のようにさまざまな復興の芽がいっせいに吹き出そうとしている。

新しい家が立ち上がろうとしている。建築途上の家の前に、どこから運ばれてきたのか、廃材に混じって真新しい材木も積み上げられている。材木は鮮やかな手際で裁断され組み合わされ、寸分の狂いのない位置に釘が打ち込まれていく。

フジタとシャーマンは、道路の端に立ってその仕事をじっと見ている。ひとつひとつの作業を真剣な目で、時間を忘れて眺めているのはフジタだ。

三十分もすると、シャーマンは退屈してくる。しかし、フジタの顔を見ると何も言い出せない。そして、はっと我に返って、師の目が追っているものを急いで見直すのである。

ようやく何か腑に落ちたようにうなずくと、独り言のようにシャーマンに語りかける。

「あの壁の斜交《はすか》いは、もう少し低い位置にした方が、頑丈なんだけどなあ」

またしばらく歩くと、電気の配線をしている建築現場に着く。フジタの目は、電気工の手元にじっと注がれている。何か難癖がつけられるのかと思って、相手はにらみ返してくる。シャーマンは早く立ち去りたいとうずうずするが、師匠はどこ吹く風。

フジタはいきなり、「その赤い太い線は何に使う配線なの?」と子どものような質問を相手にぶつけている。電気工はあきれて「風呂場だよ」とぶっきらぼうに答える。師匠は満足そうな笑みをシャーマンに投げかけると、またすたすたと歩き始める。

下町へ行くと、裁縫師、畳屋、マッチ箱のラベル張り、ガラス屋、自転車屋、板金屋、ありとあらゆる職種の仕事場がある。どこも通りに戸を開け放して、仕事ぶりを眺めることができる。

フジタは植物、造園、機械、建築、民俗文化など、あらゆる話題についての自説を持っている。歩きながらそれをフジタ節でとうとうと語り続けたが、気になる店先の前に来ると、ふっと話は断ち切れる。

ガラス窓越しに見えるのは旋盤工が小さなネジ釘を切り出しているところだ。フジタはガラスに顔を押し付けて、まるで水槽の中の珍しい魚でも見る子どものような目で観察し続けている。

シャーマンは緊張が極度に高まる。フジタの目は何に注がれているのか。どんなところに関心が集中しているのか。シャーマンはその様子のすべてを心に焼き付けようと思う。

ようやくフジタの目がそこから離れ、こちらの世界にもどってくると、シャーマンにどんなことを見たか質問してくる。見たことの限りを話し尽くすと、今度はフジタが自分の観察したことや意見を楽しそうに披露しはじめる。

フジタはシャーマンにものの見方をどうのこうのと教えたりしない。自分とは違うどんな見方があるのかに興味があるだけだ。しかし、同じことを見ていても、どうしてそういう見方ができるのかと、シャーマンは驚き、恥ずかしくなった。

二人の散歩はそんなことを繰り返すあてどのない迷走だった。日の高いうちから歩き出しても、あっという間に日が暮れた。フジタはフジタでそんな散歩を存分に楽しんでいるようだったが、シャーマンはその一日がかけがえのない「フジタ学校」だと考えている。

シャーマンは日々世界の見え方が新しくなっていくのを実感した。今まで生きていた世界は表層だけで、なんと小さかったのだろう。

職人の創造

「フジタ学校」でシャーマンが学んだことは、アーティストは職人の目と手を持たなければならない、ということだと自分に言い聞かせる。

明治維新以後、ヨーロッパの近代について日本が誤って学んだことの一つは、職人はアーティストよりも劣っているという考えである。アーティストは未来を切り開く志を背負った人間だとしても、しかしそれを成し遂げるためには前近代から受け継がれてきた職人の目と手が必要だ。欧米の近代美術の挑戦者はみなそのことを基本にしている。しかし、ヨーロッパに学んだ多くの日本人画家の中でそのことの重要さに気づいたのは、ほとんどフジタ一人だった。

職人の目とは、森羅万象から創造に必要な真実を選り分ける鑑識眼であり、職人の手とは思い通りに世界を作り出すテクノロジーである。

世界中から卓越した芸術家が集まった一九二〇年代のパリで、フジタが頭角を現すことができたのはいったいどうしてなのだろうか。

個性？　努力？　際立った才能？　着想の新しさ？　幸運？……。さまざまな見方があるかもしれない。

しかし、いずれの見方も、フジタの成功の本当の理由を説明することはできない。なぜなら、そのような才覚はパリで一旗挙げようとする芸術家であれば、大なり小なりだれもが持っていたとも言えるからである。

彼を成功へと導いた、絵を描くこととは別のもうひとつの才能は、職人的な技能とセンスだった。そのことが大切だとひらめいたのは、パリに到着して間もなくの一九一四年のことだった。

ピカソのアトリエ

『腕《ブラ》一本』という自伝的エッセイの中で彼は書いている。ある日、知人の画家オルチスに連れられてパブロ・ピカソのアトリエに行ったときのことだ。

「アトリエの大壁にはギター、バイオリン、セロ等の楽器を無残にも鋸でたち割って彼の立体派をそのまま構成して画を描いていた。……実際に実物を切りきざんで立体に組み立て写生をしていた。単に紙上に於いての鉛筆の試みではなかった」

既にパリの画家たちの間で、その成功が羨望の的になっていたピカソにとって、自ら命名したキュビスム（立体主義）はたまたま思いついたことをキャンバス上で実践したものではない。少年の頃大人たちを驚かせたこともある精密な写生技術にもとづいて、キュビスムという独創的な着想をきちんと実証しようとしていたことがフジタの目撃談から分かる。

フジタはピカソのやり方に驚き、「三年或いは五年経過した日、果たしてどんな作品になるかを看破し結果から動機へ逆に解剖し来り絵の将来を突き止めて」いく、そのような戦略を見抜くのである。ピカソには理詰めの設計があるのだと。

肖像画家ルソー

同じ日にフジタはピカソのアトリエでもうひとつの天啓を得る。彼は壁に掛けられていたアンリ・ルソーの大作に釘付けになる。

「これは私には寝耳に水のような警鐘であった。この絵は婦人の実物大の立像画であった。ルソーは描くにあたり、林檎にもせよレモンにもせよ、実物の色を塗り寸部異わぬ同色を得て安堵し、又眼とか口と鼻とかの寸法を物差しを以って委細に測り、帳面に恰も洋服屋が寸法を測る通り数字を書きとめて、一週間なり十日経ってその出来上がったという絵と似ても似つかぬ絵が出来上がっているのである。寸法が確かに合っている以上は肖像に誤ちがないという自信があるので、『これが貴方の肖像です』と言うぐらいな正直な画家であった。この爺さんの画は今はルーブル美術館に入ってしまった。画家としての無上の栄光である。技巧というような事も、昔からの伝統を見事に破り、自ら生み出した創造で押し通すべき時代に至ったというに結局なった」

フジタはルソーの類なき独創を見出すと同時に、それを支える肖像画家の職人的な技法に注目している。

批評は二十世紀の新しい美術を、旧態を破った独創の軌跡という風に論じ続けてきた。しかし、フジタは独創のウラには入念な手仕事の仕掛けがあることを手品のタネのように見抜いている。

独創的な着想なら子どもでもできる。大人をうならせるには、だれも見破ることができない仕組みを仕込まなければならない。腕を磨くとは、その技術を徹底的に修練することだとフジタは考えている。

一九二〇年代のパリの人々を感嘆させたあの乳白色の画肌も、超絶的な面相筆による線描も、描くことと手仕事が緊密な連携を持つことによって生まれたものだ。

未だにその技法が完全に解明されたわけではない乳白色の画肌は、絵の具だけではないさまざまな材料を試行錯誤しながら調合して作り出されたものである。そして技術は、錬金術師の発明のように秘密にされた。

白い肌の上に流れる一筋の後れ毛のように、乳白色の画肌は、その上を走る超絶的な墨線に生命を与える。

あるいは、流麗な線が乳白色の輝きを際立たせているとも言える。その両者の絶妙なハーモニーによって、フジタの画面はパリの絵画通の心を揺り動かしたのである。

裁縫技術

一九一六年のロンドン滞在中にフジタは、セルフリッジ百貨店で服飾デザインと縫製の仕事に携わる。この経験は、絵のモデルの衣装や背景インテリアにおける凝った布地の描写に見られる、布や織りへのマニアックな関心へと展開される。

その極端な例のひとつは、一九二六年の「アンナ・ド・ノワイユ」（DIC川村記念美術館蔵）にみられる顔貌や身体の描写の平面性と、レースにアール・デコ風の刺繡が施された衣装の緻密な筆遣いとの不思議な対照である。

孤立無援かつ右も左もわからない状態でパリの地を踏んだフジタが、スーパースターの座にのし上がろうとしている気鋭の画家ピカソのアトリエを訪れて、心に刻んだもうひとつ重要なことがある。

パリで先人達のやってきたことをただ真面目に習得するだけでは、けして本当の注目を集めることはできない。

かといって、日本の伝統絵画の構図や意匠や発想法を自分風にアレンジしてみても、それは前世紀から、多くの画家たちがあれやこれやと試みてきたこと。外面的な形だけをなぞるような策略はその浅はかさがすぐに見抜かれてしまう。

だが、まだだれも本格的に取り組んだことのない試みがある。それは一定以上の高度な修練を要し、日本文化の家伝として伝えられてきた手仕事の技術を自分の絵に活かしてみることである。

「アンナ・ド・ノワイユ」の袖や下半身を飾る網状の意匠の描写は、歌麿の錦絵、たとえば「蚊帳の内外」のような身体を包む網目を描く技をフジタ流に工夫したものであろう。

網目描写の凄さは、マイスター歌麿の筆技というよりも、名も知れぬ彫師の驚くべき刀技によるものである。フジタはそのことに深い敬意をもった上で、「アンナ・ド・ノワイユ」のような作品に取り組んでいる。

フジタの職人的な技能は、下地の作り方や絵筆の扱い方、デッサンの技術といった、絵画領域にとどまるものではない。

おもしろいことに絵とは関わりのないように見える、大工仕事、裁縫、インテリアデザイン、料理など、身辺雑事における手仕事へと広がっている。

フジタの裁縫技術は、衣類、インテリアなどをほとんど手作りでまかなうというところまでに至って、フジタの日常生活を支えるようになっている。

裁縫というテーマ一つとっても、芸術と日常生活に厳密な境界はない、と考えた方がフジタの絵が面白く見えてくるのではないだろうか。

手仕事への没頭は、気分転換や趣味からはじまっているのではなく、物を創りだすことの営みとして絵も大工仕事もすべてが結び合っている。

戦争下の額縁作り

そのことを証明するもうひとつ具体的な例は、額縁作りへの関心だろう。

私たちは美術館やギャラリーで絵を鑑賞する時、絵と額縁を一体として見る意識はあまりない。作品は絵であり、額縁はそれを装飾する縁《ふち》である。絵はアーティストが制作したもので、額縁は職人の手になるものである、と考えてしまう。

フジタは第二次世界大戦のはじまる直前の一九三九年から約一年間パリに滞在している。ドイツ軍がフランスの防衛ライン、マジノ線を突破した頃もまだパリにいた。

何をしていたかといえばせっせと額縁作りに励んでいるのである。額縁作りはフジタにとって絵と同じほど大切なものであり、心慰める手仕事だった。

ドイツ軍のパリ侵入を目前にして、ようやく日本行最後の船に悠然と乗ると故国への途についた。

フジタが自分の人生を「腕《ブラ》一本」というキャッチフレーズでまとめるとき、何よりも自らの職人的な技能を誇らしげにアピールしようとしているように見える。腕前があって初めて創造が生まれるのだと。

ついでに戦争画のことに少しだけ立ちもどっておきたい。

絵画とは、画家の中で純粋培養された信念によって創りだされたものでなければならない、と考える人は、軍部当局の指示によって描く戦争画は、画家が節操を曲げて描いた不純な絵ということになるのだろう。

しかし、もしフジタに「あなたの芸術上の信念とはなんぞや」と問いかけた時、おそらく「信念の純粋培養説」を信じる人の満足がいくような回答を得ることはできないだろう。

そういえば、フジタの戦中戦後の生き方について「画家の節操」という題目で糾弾する論客がいた。

フジタは創作意欲をかき立てるテーマに出合ったとき、彼は周囲の人間に口癖のように言った。

「腕が鳴る」と。

まるで節のない柾目板を手にした大工のような、あるいは新鮮な尾頭付きをまな板にのせた板前のような口ぶりで。

会心の作であった「アッツ島玉砕」を描き上げたフジタは、木村荘八への書簡でもまたこの口癖を思わず書き送っている。「腕の鳴りが稍《やや》収まって……」と。

室内画

ある夜、フジタのアトリエで二人は夜更けまで話し込んでいる。フジタの話は古今東西の芸術を中心に、交際した文化人についてフジタ流のわさびの効いた批評、ホラも織り交ざった旅の武勇伝など、あらゆる方向に飛んで行く。人の絵はすべて酷評のまな板にのせてメッタ斬りにされた。しかし、自分の絵が話題になると背筋が伸びて目が鋭くなった。

どんな小品にも、全神経を注いで細部まで手を抜かない。「その厳しさにおいては戒律を守る修道僧といえども及ばない」とフジタが絵に向かう姿についてシャーマンは伝えている。

そういう画家を前にシャーマンは、フジタの室内の光景を描いたある作品について語るはめになる。

「どんな感想を持ったかい」とフジタはぶっきらぼうに聞く。

一九二〇年代初めにサロン・ドートンヌに出品された作品で、シャーマンはその絵を雑誌から切り抜いて自室の壁にずっと貼っていた。

「粗末な戸棚の上に燭台や時計や土産物の人形が置かれ、壁に何枚かの絵皿が掛けられていました。すりへった靴が床に投げ出され、棚の上にあなたの眼鏡が置かれている。あなたはそこにはいない。でも一つ一つの物は、すべてあなたの目が選び抜いたものです。物たちは、あなたの生活、寂しさや喜び、つまりあなたの人生のすべてを静かな声で語り合っています」

とシャーマンは答えた。

描かれている物は、いずれも雑貨屋か蚤の市で買った安物ばかりだ。しかし、描き手はひとつひとつに愛着、というよりも畏敬のような感情を抱きながら丁寧に描き込んでいる。

フジタは少しうつむいて聞いていた。シャーマンが語り終えると、フジタは目尻を小指でひとこすりし、しゃがれた声で感想を言った。

「ありがとう。うれしいな」

フジタアイ

職人の物作りには、手わざだけでなく、さまざまな色、デザイン、材料の中から何を選ぶかというセンスが必要だ。

センスは、物をどのように創るかの構想から生まれる。職人的な選定眼。すなわち作り手が生きている宇宙から最善の物を選びだす鑑識眼である。

フジタは世界中の街を旅したが、何か新しい物を見つけ出したいという好奇心に駆り立てられてのことだった。発見したいという衝動は、おのずと鑑識眼を磨き上げていく。

常にセンサーを全開にして貪欲に何かを見つけようとする振る舞いは、シャーマンとの散歩の中で生活習慣のように続いている。

「フジタ学校」で学んだ職人の目はシャーマンに、芸術作品に限らず、さまざまな創作物をターゲットにした収集熱に火をつけることになる。

今日残されている「シャーマンコレクション」と呼ばれる収集品はきわめて多岐にわたっている。その中心には、フジタの手になる作品や書簡がある。

だが、通例の絵画コレクターと違うのは、フジタに関わるすべてを収集し尽くそうとする異常な熱気があることだ。眼鏡、旅行かばん、表札、本、家具調度、そしてフジタに関するありとあらゆる資料がある。

フジタ以外のものでは、絵画作品だけでなくマッチラベルや絵葉書やさまざまなサブカルチャー的なアイテムがある。シャーマンは大学や専門学校でアートとデザインを本格的に学んでいるので、特別の選定眼があったといえる。

しかしフジタの前では、何も見えない小僧っ子だったと自戒する。

彼は収集品を「シャーマンコレクション」と呼ばれることを好まなかった。

「ぼくが集めたのではない。フジタの目がぼくに乗り移って集めたものです。だから、正しくはフジタアイ（フジタの目）が作ったものだと言うべきです」

シャーマンは心に留まった物を手に入れようとする時、いつもこれはフジタだったら買うだろうか、偽物だと笑うだろうかと、フジタの心持ちになって考えてみる。それを「フジタアイ」と密かに名付けたのである。

ヒトラーの屛風

散歩の途中、美術品店にもよく立ち寄った。積み上げられた錦絵の山の中をかき分けて一枚の肉筆を引っ張りだすと、シャーマンににやりと笑いかける。

「肉筆だよ、北斎の」

ガラクタの中から、古伊万里の茶碗を見つけてほくほくしていることもある。自分で見つけたものは自分の財布を開き、シャーマンにはけして譲ってはくれない。

しかたなく、シャーマンはムキになって掘り出し物を見つけようとする。店の主人に金を払って包ませようとしている段になって、フジタは歯をむいておどけた顔をシャーマンに突き出してくる。偽物だという合図だ。

だが、ときどきは目をいっぱいに開いて肩を叩いてくれることもある。ホンモノだ！　シャーマンは全身に感激が湧いてくる。

ある日、鎌倉の若宮大路の裏通りをぶらぶら歩いていると、店先に屏風や壺などを品よく陳列した骨董屋があった。フジタは足を止め、店の中に入って行く。なにか彼のセンサーに響いたものがあるに違いない。

シャーマンの心臓が高なった。こういう町筋に入ってから、二人の散歩はけもの道を歩くハンターの足取りに変わっている。しかも、今獲物は目前にある。

フジタは丈が二メートル以上もある金屏風の前で、いかにも畏れ入ったかのような顔で立ち尽くしている。

「これかあ」

「これかあって?」

「知らないのか? 一九四〇年に日本とドイツとイタリアが三国同盟を締結した折、時の近衛文麿首相が記念に作った三雙の二曲屏風の一雙だ。一雙はヒトラーに、もう一雙はムッソリーニに贈られた。三雙目は近衛が自分のものにした。これは、その三雙目のやつに違いない」

「買うのですか?」

「悩んでいるところだ。ノドから手が出るほど欲しいけど、アトリエは描きかけの絵で足の踏み場もないし、こんなものを家に運んだら君代は長い角を出してぼくに嚙みついてくるだろう」

シャーマンの頭の中で、世界がひっくり返った歴史的な出来事がまざまざと蘇る。その記念碑的な証拠が形となって目の前に残されている。めまいがしてきそうだ。

フジタは迷っている。こういうことは一度しかチャンスがない。

「無理しないでください。私が買いますから」

ただの金屏風として見ても高くはなかった。だが、シャーマンはコレクターの常道通り値引き交渉をはじめる。値引きを求めなければ、主人は買い手の顔を見て、いいものかもしれないと疑ることもあるからだ。

シャーマンは手持ちの金をはたくことになったが、首尾よく屏風は手に入れた。凸版印刷のオフィスに飾ってみるにはなかなかいいかもしれない。来客に自慢話をしてみるのも悪くない。

シャーマンは屏風を手に入れて、満足感がふつふつと湧いてくる。


送り先を伝えて店を出ると、フジタの顔がピエロに変わった。やがて笑い転げそうになっている。シャーマンは喜びがさっと引き、腹の底から怒りがこみ上げてくる。フジタはようやく笑いを収めた。

「あんなものを喜んで買ってみるのも、コレクターの修行のひとつだ」

「やられた!」

今度は、シャーマンが爆笑する番だった。

しかし、この屏風はガラクタにはならなかった。これがフジタの魔術によって歴史的な名品に変わる物語はのちにつづることになる。

第九章　シャーマンルーム

フジタにはなれない

シャーマンがフジタを始めとする日本人画家たちを、戦後のカオスの中からなぜ救い出そうとしたか。何か使命感に突き動かされたような、彼の一種献身的な行動の原理とはいったいなんだったのか、という疑問について、シャーマンの陳述やその他の残された資料から必ずしも納得のいく答えが得られるわけではない。

答えは、フジタとの出会いがシャーマンに何をもたらしたのか、にある。

美術家を目指していたシャーマンはグラビア雑誌の頁から「ボヘミアンの王様」への強い憧れを持った。

その彼が軍務でたまたま日本に上陸することができたので、「ボストン紳士」として、あるいは一種の「騎士道精神」ないしは戦勝国の敗戦国への情けから、ガレキをかき分けてフジタを見つけ出そうとしたということなのだろうか？　戦後日本におけるシャーマンの行動原理とはそのようなことだったのか。

彼が自伝を書くために整理していた資料を表面的に読む限りは、そういう結論に至らざるを得ないような気もする。言葉を変えれば、彼はこの時期の自分をそのように演出しようとしていたのかもしれない。純粋で一途な使命感によって、助けられるべき人に対して助ける側の人間を演じきりたいと。

だれも文句は言えない崇高な志である。でもそれだけのことだったのだろうか？


少しシャーマンの人生を振り返ってみたい。

ハイスクールのスミス先生に背中を押されて、シャーマンは画家の道を目指すことを心に決める。

とはいえ、彼はキャンバスに絵を描く画家にまっしぐらに突き進むことはしなかった。彫刻、デザイン、印刷術と彼はアートに係わるさまざまな学科を遍歴することになる。そして、どの分野においても、一定以上の成績を収め、プロフィールに誇らしく明記できるようなスキルを習得する。

しかし、どれか一つに進路を定めることはしなかった。あるいはできなかった、と言うべきかもしれない。

シャーマンは彫刻家か画家になることをずっと夢見ていたようでもある。彼の中でそんな思いが燠火となってくすぶり続けていたことは、三十代の半ばになって、パリのアカデミー・グランショーミエール（美術学校）に再入学して、デッサンの勉強を再開したことでもわかる。

でも、画家になることはついにできなかった。

その最も大きな理由は彼がフジタと出会ってしまったからである。若き日のシャーマンにとって画家になることはフジタになることだった。

しかし、生身のフジタと巡り会い、その生き様に接した時、画家になるという夢は微塵に打ち砕かれた。すなわち、フジタになることは不可能だということを思い知らされたのである。フジタが追随を許さないデッサン力を持つとか、卓越した創作力があったということだけではない。

フジタがどんな職人的な発想や器用さをさまざまな仕事で発揮しようとも、そのすべては絵を描くというフジタの究極の探求に収斂する。そういう生き様のあとを追うことは、自分には不可能だということをシャーマンは思い知るのである。

さらに、もっと根本的な、自分とフジタの違いに気づくのである。

シャーマンはスキルの面では多芸多才だったが、性格の根本は裏と表を持つことができない真正直な人間だった。

フジタは、自分の絵を描くことについて鋼鉄の信念を持っていたが、それを実現するためにはどんな人間にもなることができた。求道者にも道化にもなることができた。そういう生き方をして、ほとんど恥じることも動じることもなかった。だが、外からは終生、性格の複雑さや不誠実さについて、あれこれ言われ続けなければならなかった。

シャーマンはそういう生き方に耐えることはできない。アーティストとしての彼には器用な資質があるだけに、あまりにも多くの選択肢、別言すれば逃げ道があった。だからフジタになれないことを思い知ったとしても、挫折を経験するまでには至らなかった。

実際、フジタになれないと思い知った彼は即座に考えを転換することができた。フジタによって自分をどう作り上げるかではなく、自分はフジタをどうするかという方向に考えをスイッチしたのである。

シャーマンが見出した一筋の光明は彼を熱狂させた。画家にはなれないという悲劇を上回る喜ばしい人生の目的となったのである。

深い孤独

フジタは自分の作品がだれかから見られている証しをいつも求めていた。どんな言葉でもよかった。痛烈な批評であっても、フジタは自分が注目されていると思うことができた。

だが、注目とひやかしとは違う。今は闇市でものが買い叩かれるような屈辱も味わわなければならない。

アメリカ人たちは、海外で知られているたった一人の日本人画家の絵を求めに家に押しかけてくる。フジヤマやゲイシャの絵葉書を買うように傍若無人にねぎって持ち去る者もいる。ときには、コーヒーやチョコレートをくれてやれば喜ぶだろうと思っている者もいる。

アメリカ人に高く売りつけることを目論んでやってくる日本の画商もあとをたたない。

そんなことで自分はまだ注目されていると思い込めるほど落ちぶれてはいない。

戦争で中断していた公募団体が息を吹き返して、いっせいに展覧会が開かれようとしている。だが、フジタに声をかけようとする団体はどこもなかった。宮田重雄が朝日新聞で戦争画家藤田を痛烈に批判し、フジタは反論した。結論が出ないまま論争はいつの間にか終息している。フジタを戦犯画家だと後ろ指を差す者ももういない。

美術界のだれもが「フジタという問題」から目をそむけようとしている。「フジタという問題」に触れることによって、パンドラの箱が開けられることをだれもが恐れていた。

その機に乗じてフジタなき画壇を固めようと、着々と画策が進められている。

フジタはそのことを空気で感じていた。だから画家たちが集まる場所にはどこにも出ていこうとしない。フジタの作品をほめる声もけなす声も聞くことができない。フジタは深い孤独の中に閉じこもっている。

フジタとシャーマンの間でそういう話をすることは一度もなかった。シャーマンはフジタを押しつぶそうとしているものがどんなことかおおよそ感じていたが、本人に聞くことはなかった。

シャーマンとフジタが出会った頃は、フジタはまだ心が許せる仲間がいると信じていた。内田巌がフジタを訪問する前のことである。

新制作派協会の展覧会に二人で出かけたことがあった。戦後は公募展に出向くことなどほとんどなかったフジタが、珍しくシャーマンを誘ったのである。

新制作の画家たちは、フジタの誘いで、戦争末期に神奈川県藤野に疎開した。この会には、戦中の苦しい時代を共に生き、未来について語り合った仲間たちがいるとフジタは思っている。

控室に数人の画家たちが丸く椅子を並べて談笑している。

顔見知りの画家がいたのか、フジタは声をかけようと相好をくずして歩みよっていく。フジタに気づいた者たちが突然口をつぐみ静まり返った。フジタはあいさつの声をかけたが、彼らは形ばかり頭を下げて、あらぬ方へ視線を遊ばせるばかり。

シャーマンは何も言わずフジタの腕を取って、会場の外へ出た。

そのあと、シャーマンはフジタの打ちひしがれた姿を見ることがつらく、ただ前だけを向いて黙々と歩いた。

二人は別々の方法でこの状況からの逃げ道を探している。

私の生きる場所はもうこの国にはない。フジタは一刻も早く、新天地へ行くことを考えている。

シャーマンは、展覧会場での出来事で、フジタの考えていることはその通りで、道はそれしかないだろうとわかっている。

しかし、それは容易なことではない。敗戦後一年もたたない占領下の今、日本の民間人にはだれも海外渡航の許可が下りていない。

ボヘミアンの王様の息の根が止まってしまう前に、何かしなければならない。

何をすればいいのか

敗戦は、多くの画家に描く目標を失わせた。描くことよりも食料を手に入れてとりあえず生き抜くことだけを考えなければならなかった。仮にキャンバスと絵の具が手に入ったとしても、描いた絵をだれが見てくれるだろう。

シャーマンは戦勝国から来た征服者のひとりである。食べることも住むことも保証されている。

だが、敗れた国の人々が貧苦のどん底であえぎ続けるのをただ傍らで眺め、彼らが死に果てるのを見届けるために来たわけではない。すべてが無に帰ったこの土地で、自分にできることは山のようにあるはずだ。

彼は日本の画家を見ると、そう自問するようになっている。

シャーマンは思い出した。自分が美術大学に進学すべきかどうか悩んでいた時、ハイスクールの担任のスミス先生が激励してくれたことが忘れられない。

「あなたの天職はアートになると思うわ」

先生はシャーマンの悩みを見抜いていた。

「あなたが迷っているのは、アートは社会の役に立つかどうかですね。アートはすぐにお腹を満たすことはできないけれど、空腹の心は満たすことができます」

シャーマンはそのひとことで、迷いをふっ切ることができた。

日本人のほとんどは、今描くことなど二の次だと思っている。

そうではいけない。今こそ芸術が息を吹き返さなければ、絶望と荒廃の中からいつまでも立ち上がることはできないだろう。

バンカー大佐から与えられた任務は、このすさんだ風景の中に芸術の光を灯すことだ。任務の重大さを思い出すことで、ときおり襲ってくる悲観的な気持ちをふっ切ろうとする。

だが、どこから手をつけたらいいのだろうか。家を戦火に焼かれて仮住まいの生活を強いられている人、疎開先から帰るめどの立たない人。交通も通信も復興途上のこの時期に、画家たちは仲間同士の消息さえ満足につかめてはいないだろう。

仮に一人ひとりの行方がわかったとして、訪ねて回ることはやぶさかではない。しかし、「頑張ってください。絵を描いてください」とうわべばかりの激励をしたところで何になるだろう。

ガートルード・スタイン

散歩の途中で、シャーマンはやむにやまれずフジタに思い悩んでいることをこぼしてしまう。

「君はガートルード・スタインになればいい」

シャーマンは急に立ち止まると、思わず手を打った。通行人がふりかえる。

「そうか！　それですよ」

ガートルード・スタイン（一八七四～一九四六年）。彼女はユダヤ系アメリカ人の富豪の娘で、二十世紀初頭にパリに移住した詩人で文筆家だ。相続した遺産を美術品の収集につぎ込んだ。集めるものは海のものとも山のものともわからない当時の先端的なアートばかり。

彼女には鑑識眼と先見の明があった。集めた画家は、ピカソ、マチス、アンリ・ルソー、ボナール、ブラックなど、二十世紀美術の中核を担う画家ばかりだった。

加えてただのコレクターではなかった。パリの屋敷の一部屋に、芸術家が集うサロンをつくった。画家だけでなく、アポリネールなど詩人や小説家が集い、談論風発、さまざまなジャンルの創造が着火されて燃え上がる場になった。

ヨーロッパの芸術の受容に強い熱意を持った日本には、多くの芸術支援者もいたし、画家の会合もあった。しかし、そこには常に師と弟子、支援する者と受ける者によるしきたりが支配している。

サロンの意味を理解し育てようとする人間は生まれなかった。それゆえ異なった才能がぶつかり合い火花を散らして生まれるような、革新的な美術状況も生まれることはなかった。

凸版印刷に帰ると、シャーマンは自室にもどらずに社長室をめざし、扉をノックした。

山田三郎太社長は、絵を描く趣味で玄人肌の腕前を持っている。美術家との交際も幅広い。シャーマンは彼をまず味方につけようと思っている。

「それはいい！　できる限りの協力をしますよ」

シャーマンが構想を十分ほど話しただけで、山田はすべてを理解した。

日本の芸術を復興させなければいけないというアメリカ人の熱弁はすぐに理解できた。

凸版印刷はたまたま戦災を免がれることができた。企業の利潤を追求するだけでなく何かをしなければならないと、ずっと考えていた。だが何をしたらいいいか、手がかりが見つからない。

シャーマンの話を聞いて、「日本人には思いつかない発想をするものだ」と感嘆している。

「で、何をしたらいいんですか？」

「二つあります。まず、フジタと交際のあった画家や文化人のリストを作ってください。それから、できれば五十人ぐらいの人が集まることができる広さの部屋を貸してほしいのです」

リストは、山田社長を中心に、スタッフの鈴木と庄司が参加して一週間ほどで作り上げた。

画家の情報収集

シャーマンは連日のようにフジタの家を訪ね、画家の情報を収集しようとした。知りたいのは、日本の美術界を背負い、世界的にも羽ばたくことができる画家たちの名前とその実力だった。だが、単刀直入にそんなことを聞き出そうとしてもフジタはまともに答えるはずはない。

シャーマンはもっと日本の画家のことを勉強したいとフジタに言った。フジタは鼻で笑った。

「そんなことをして何になるんだい？」

「日本の芸術家が、国際基準から見てどの程度かを報告せよという上司からの命令がありまして」

「どいつもだめだろうね」

「ぼくもそう思います。だからどの程度だめかを報告しようと思っているので」

フジタの目が獲物の匂いを嗅いだ猫のように光った。

シャーマンは画家の名前を一人ひとり上げていった。フジタが毛嫌いしている画家の名前ははじめからはずしてある。

フジタは餌にとびついた。

辛辣な批評に興がのるまで、シャーマンは面白がっているフリをしてフジタをたきつける。フジタのうっぷんが少し晴れたあたりで、シャーマンはさらに悪口を言うように挑発する。シャーマンはフジタが根から悪意の人でも毒舌家でもないことを、これまでの付き合いでよくわかっている。俎上に載せている画家について、シャーマンが一線を超えた悪口を言うと、フジタは一転弁護に回るようになる。

そこがフジタの面白いところだ。

「そうは言え、あいつには肚の座ったところもある。外野の雑音を気にせずやりたいことをやれば、パリの画商にだってそのうち目が留まるさ」

という具合に、長所や見どころをべらべらと話し始める。

シャーマンはそれをしっかりと記憶に叩きこんだ。

フジタの意見を重要視したのは、フジタが日本でただ一人、世界中に知られる画家に自力でのし上がったからだ。

日本の美術が、日本だけで自足すればいいという考えから脱却できなければ、アートが人を幸福にするための力を本当に発揮することはできない。脱却の糸口を知るのは、その体験者だけである。

寿司パーティー

一週間ほどすると、第一次の招待客リストができ上がった。

山田社長はシャーマンの仕事部屋の隣に空いていた二〇坪ほどの部屋を提供してくれた。パーティーが開かれるときには二部屋をつなげて、四、五十人の招待客がゆっくりとくつろげるスペースが生まれる。

だれが命名するともなく、そこをみんなはシャーマンルームと呼ぶようになる。

第一回の企画は、寿司パーティーだった。

見も知らないアメリカ人から送られてくる招待状に、受け取った人間の多くは戸惑ったかもしれない。だがその頃、食欲の誘惑に勝てる日本人はいない。

ガートルード・スタインのサロンはスタインがいつも王様だった。だがシャーマンは、サロンの中でいつも黒子だった。

彼は参会者の話の聞き役にひたすら回り、相手がどんな人物かを深く知ろうとつとめた。親しくなった人間を、初対面同士の客に紹介した。

シャーマンルームでの語らい

画家は展覧会場で作品を通して同業の画家を知るのが日本の通例だが、サロンではまず人と人の対話からつながりが結ばれていく。サロンには画家のほかに、あらゆるジャンルの文化人も招待された。
常連だった人々の名前だけを列挙しておこう。

画家では、猪熊弦一郎、伊原宇三郎、荻須高徳、岡鹿之助、岡田謙三、澤田哲郎、菅野啓介、中村研一、利根山光人、野口弥太郎、三岸節子、佐藤敬。版画家の恩地孝四郎、駒井哲郎、畦地梅太郎、関野

準一郎。彫刻家・イサム・ノグチ。歌手の佐藤美子、宮城まり子、作曲家・團伊玖磨、舞踊家・吾妻徳穂、邦楽家・吉田青風、秩父宮ご夫妻、松本禎子（画家・竣介夫人）、華道家・勅使河原蒼風、タレント・藤原あき、建築家・丹下健三、芦原義信、音楽評論家・蘆原英了、天理教教祖・中山正善、ピアニスト・原千恵子、写真家・土門拳、裏千家・千宗室、書家・篠田桃紅、美術史家・土方定一、デザイナー・亀倉雄策など。

不定期で開かれるパーティーに、画家たちは作品を持ちよって、気の向いた場所に展示する。歌手はプログラムもなく歌い、音楽家は楽器を奏で始める。

始まりもなく終わりもなく、入口は夜更けまで開かれたままだった。シャーマンルームはギャラリーでもあり、コンサート会場でもあった。

最終便に乗り遅れた客を高級セダンＭＧマグネットに乗せて、シャーマン自ら運転手になって自宅まで送り届けることもあった。

フジタは人と会うために出かけることはほとんどなくなっている。無類の寿司好きだった彼をアトリエから連れ出す口実にもなったので寿司パーティーは頻繁に開いた。だが、シャーマンルームに来ても、隅の方で椅子に寂しく座って何貫か頬張ると、こそこそと引き上げて行ってしまう。

その後ろ姿を見ると、シャーマンの顔は曇った。このサロンはフジタなくして生まれなかったのに。

後日談になる。

シャーマンルームは、一九五四年にシャーマンのオフィスが凸版から別の場所（有楽町日劇跡のアーニー・パイル・シアター）に移るまで存続した。

閉鎖されたあとも、常連たちとの交友はずっと続き、彼らのさまざまな相談にのった。一九五二年にＧＨＱの日本進駐が終わり、渡航制限が解除されると、海外に活躍の場を求めるアーティストが激増する。シャーマンが実力を認めた画家は、ニューヨークのベティー・パーソンズ・ギャラリーなどの一流画廊に作品発表の場をコーディネートした。

この話は本書のテーマからはみ出してしまうので、このくらいにしておきたい。

ただ、ひとつ残念なことがある。

ガートルード・スタインのサロンの果たした役割は、二十世紀美術を語るのに避けて通れないテーマとされてきた。

だが、シャーマンルームが戦後文化にどんな役割をしたか、今日論ずる人はほとんどいない。シャーマンルームに参集した面々は、その後の日本文化の復興と興隆にはかりしれない貢献をしていることは明白であるにもかかわらず、にである。

シャーマンルームの名前は、戦後史からその歴史的事実とともに消えてしまっている。社会が復興への歩みをはじめる前夜の時代を、われわれは時代ごと記憶から抹消しようとしているのだろうか。占領のイメージがつきまとうものを、無意識のうちに消去しようとしているのか。

それとも……。

大使館パーティー

さて、フジタはどうしたのか。

シャーマンはフジタを日本人が集まるパーティーに無理に連れて行くことをあきらめた。そのかわり、GHQの高官の集まりや各国大使館関係のパーティーに連れて行くことにする。すると水を得た魚のように、フジタははつらつと振る舞うことがわかる。フジタは少しずつ日本人から離れようとしている。

ベルギー大使館でのパーティーのこと。

フジタは酒を一滴も飲まない。だから酩酊の末の悪ふざけではない。イブニングドレスに着飾った大使夫人が登場すると、フジタはつかつかと歩み寄っていく。顔見知り同士のあいさつを終えると、いきなり夫人の尻をパンと叩いた。

シャーマンははっとして血の気が引きそうになる。だが、夫人はいつものことというような顔をして笑っている。談笑が一段落すると、夫人はどこかへ歩き去っていった。

また別の大使館では、宴たけなわのころ。

大勢の貴人たちをかき分けて、フジタはフロアをゆっくりと歩いていく。群集の真ん中にたどりつくと、「よいしょ」と腰を下ろしてあぐらをかいて座り込む。招待客は変人とも思わず、床のフジタを見下ろして何事もないかのように語りあい始めている。

かれらはフジタがどんな人物かを知り、その面白さを受け入れているのである。

だが、日本にはそういうことを受け入れる余裕を持つ人間はいない。シャーマンルームでの居心地の悪そうなフジタをシャーマンは思い出してしまう。

フジタの居場所がもうこの国にはないのだろうか。

秩父宮邸

凸版印刷の仕事は皇室関係へと広がり、シャーマンは秩父宮からの印刷物の依頼をきっかけに、同家との親交を深めるようになっていた。

そのころ、フジタのパリ時代からの友人で外交官の柳沢健が秩父宮の評伝を執筆していた。フジタはその挿絵を頼まれている。

柳沢から聞いた宮様の人柄に感銘を受けたことを、フジタがたまたまシャーマンに告げる。

これはいい機会だとシャーマンはひらめいた。

「それならばぜひ秩父宮ご夫妻をお慰めに、御殿場に行きましょう」

この時期、財政の逼迫する日本の国庫には、戦前のように皇室を支える予算は乏しい。御殿場にあった広大な秩父宮邸の敷地には、食料を自給するための畑が作られ、乳を取るヤギが飼われている。

「ぼくは宮様にお目にかかったこともない。何をしに行くんだい」

「あなたは帝国美術院会員でした。ヨーロッパの宮廷画家であれば、こういうときこそやるべき任務がありますよ」

フジタにはうってつけの社交がある。もっと動かなければフジタの心はますます自閉してしまう。そう思っているシャーマンは逃すまいと熱弁を振るう。

逃げようとするフジタはついに反論の言葉を失ってしまう。

山のような食料品とスケッチブックをつんで、二人を乗せたMGマグネットは冬枯れの富士の裾野を走り抜けて、宮邸を目指した。

秩父宮はフジタの絵のファンで自ら「猫」の絵を購入している。夫妻は大喜びで二人を歓待した。

宮夫妻自らの先導で、広大な庭のあちこちを散策した。

日当たりのいい場所は野菜を作るために掘り返されている。どんな作物が採れるのかを宮自らが説明する声がフジタの心をえぐった。ヤギ小屋では宮の手はいとおしそうにヤギの頭をなでている。

余談だが、この時シャーマンが撮影した写真を宮様に贈った。その礼状にはカラー写真というものを初めて見たとの驚きが書かれている。

梅の木越しに富士の絶景が望める眺望台で、一行は心ゆくまで晴れ晴れとした気分を堪能した。

宮夫妻の顔を横目にのぞいたフジタは、暗い影がしばらくどこかに潜んだようだと思う。ここに来て本当によかったと思う。

火鉢で温まった座敷に休憩のために上がって、しばらく近況を語り合ってくつろぐ。だれも困難な日々の生活を打ち明けたりはしない。シャーマンは日本人が知り得ない情報の明るい話題だけをつまんで伝えてみる。だれもが明日は今日よりも少しよくなると信じたいと思っている。

座卓の上にシャーマンがスケッチブックをのせると、フジタに目配せをする。フジタは軽くうなずく。

「よろしければ勢津子妃殿下のお姿を記念に写させていただけないでしょうか」

シャーマンが考えている本日のメインイベントだ。

秩父宮邸でヤギを可愛がる秩父宮両殿下。シャーマンから写真を贈られて、殿下は、「私どもはカラー写真を見たのが初めてです。天気もそれほど良くはありませんでしたが、よく写っているのはフィルムの高い品質のせいだと思いました。妻はヤギと一緒に写っている写真が一番気に入っています」という礼状を返された。シャーマンはのちに両殿下から写真にサイン（Yasuhito Setsuko）をいただいた（撮影：フランク・シャーマン）

妃殿下の顔がぱっと輝いた。フジタもシャーマンもそして何より殿下が望んだ光景だった。

「シャーマン、君もやりたまえ。どちらの傑作が喜んでもらえるか日米決戦だ。シャーマン君はボストンの美術大学で絵を学んだ画家です。アメリカは威信をかけて彼を日本に送り込んできたのです」

夫妻に見つめられてシャーマンは真っ赤になり、すぐに座は笑いに包まれた。

フジタはデッサンを描き上げると、「ここで差し上げることもできますが、それではあまりにも失礼なので、後日改めて献上いたします」と伝えた。

それまでの打ち解けた態度でみんなを楽しませていたフジタは、いきなり畏まって「本日は殿下妃殿下から身に余るご厚情をいただき……」と目に涙をためて辞去のあいさつを述べている。

勢津子妃殿下を描くフジタ（撮影：フランク・シャーマン）

殿下は何かを察している。

「これからどうするのかね」

「私には腕一本、鉛筆一本ありさえすればどこででも生きていけます」

「藤田君はいいね。どこへ行っても手ぶらで食べていける。好きな道でやっていける。うらやましい限りだ」

深刻な空気をなごませようとしたひとことにフジタは涙を浮かべている。

シャーマンはフジタの横顔を見て、何を考えているかを悟った。

日本を去る決意を固めているフジタは、自由になることが自分にとってどれほど重い使命を背負うことになるか、そのことをじっとかみしめている。

後日、完成したフジタのデッサンは、シャーマンの手で妃殿下に届けられた。シャーマンは自分の作品を渡すのを遠慮した。フジタがシャーマンに託した妃殿下像は、「〝日本〟に残すただひとつの形見のつもりだ」と聞いていたからである。

第十章　日展の抗争

公職追放なし

一九一九年、パリ留学中のフジタは初めてフランスの公募展サロン・ドートンヌに出品し、すぐに会員に推挙されて、パリ美術界にデビューした。二〇年代はじめに同展出品作の前に黒山の人だかりができるほどの人気作家に一気にのし上がった。

フジタは個展も多く開いたが、公募展は一般大衆に自分の絵をお披露目できる重要な舞台である。日本では帝展や二科展に出品をしている。

日本の公募団体は、サロン・ドートンヌとひとつ大きな違いがある。

サロン・ドートンヌで受賞したり審査員になったりすることは、名誉であり画家のキャリアに箔をつけることができる。だが、それ以上の見返りを画家は期待することはない。

日本では公募展で賞をとれば、団体内でのポジションが上がり、美術界での地位が確保されていく。家元制度と類似した階級制度である。

制度は、日本の画家にとって名誉以上の意味を持つことがある。階級の上位にいくほどに、経済的な見返り、あるいは生活保障の度合いが高くなっていく場合があるからだ。

そこまでは画家というきわめて経済的に不安定な生業《なりわい》にとって、いたしかたがないと言えるかもしれない。

ただ、古くから「公募展の弊害」と言われてきた問題はそのことではない。公募団体の階級的に上位にいる人は、自分の地位をより安定させるために、かつ経済的な利得をさらに高めるために、自分の意思の通じる下位の画家をより多く、けして公平とは言えない方法で引き上げることがあるからである。

フジタにとって、公募展は自分の作品を大衆に披露し、スポットライトと喝采を浴びるための檜舞台だった。それ以上の意味を持つことはなかった。

フジタは、日本国が文化人に与える最上の地位、日本芸術院会員のメンバーであり、最高の人気作家だった。そのような威光を持って、美術界内で政治的な力を発揮すれば、ひれ伏す画家たちを集めて一大勢力を築くことも可能であったろう。

フジタはそのような意思を持とうと思ったことは一度もなかった。

だが、画壇政治によって生きることを考える画家にとって、フジタがそういう意思を持たないというふうには思考することができない。

だから、フジタは恐るべき脅威だった。

昭和二十二年二月二日の毎日新聞に、「藤田の適格審査パス」と題した小さい記事が掲載された。

「戦争中、陸軍美術協会、航空美術協会の重要メンバーとして活躍したことが美術界で問題となっていた、帝国芸術院会員藤田嗣治画伯は、この程（官職に任命または留任することに異議なき）旨正式に通達された」

戦時中軍国主義に主導的に協力した人間が政府や民間企業の要職につくことを禁止したGHQのいわゆる「公職追放令」が、フジタには及ばないことが決定した。

フジタは同年二月六日の日記に短く「追放なし」とだけ書いた。

渡航ビザの関連には、不安や期待や喜びをありったけ日記に書き記すフジタは、この問題をきわめてクールに受け止めているところが興味深い。

もちろん、自分が戦犯に問われないことも、公職追放に遭わないこともすでに知っている。彼にとっては、画家として生きることを圧し潰そうとする見えない力の方がはるかに脅威だった。

フジタを潰そうとねらう者は、「藤田の適格審査パス」の記事が出たことによって、フジタへの公然たる戦犯追及はもはや意味をなさないと知る。

それは攻撃が終わったということではなく、攻撃は水面下で行われ、方法はもっと巧妙化していく、ということを意味した。

日展攻防

文部省美術展覧会、通称文展は、国が統制し運営する日本最大の総合美術展だったが、戦況が切迫する昭和十八年に中断された。敗戦から六ヶ月後の昭和二十一年三月一日に、展覧会は名称を日本美術展覧会（日展）と改めて開催される。

芸術分野にも民主化の風が吹き始めている。とはいえ、文部省にとって譲りがたい一線があった。国が運営する展覧会の運営と審査は、国が任命する日本芸術院会員が務めるという方針である。

しかしこの砦も、東京美術学校（現・東京藝術大学）の主要教官勢力から猛攻撃に遭う。日展の運営から日本芸術院は手を引いてもらう、展覧会はしばらく休止するという提案が、梅原龍三郎、安井曾太郎、小林古径、前田青邨たちから出されたのである。

芸術院会員サイドからは、「主導者は梅原で、日展民主化の名のもとに、在野勢力の拡張を図ろうとしている」と反論され、提案は芸術院会員の圧倒的な不支持で反乱は鎮圧される。

しかし、戦いはここからだった。さまざまな美術団体が参集することによって成立していた日展から、主要団体が次々に離脱していったのである。

このような文化界での混乱を、時の為政者であるＧＨＱは黙視してはいない。

民間情報教育局の美術顧問T・M・ブラマーは談話を発表する。

「日展から望ましからざる特長を除去して、全美術団体が参加できるよう民主化されなければならない。…多くの美術家が不満を持ってきた無鑑査と特選制度を廃止し、審査員も芸術院会員のほかに一流芸術家や一流新聞の評論家、国立博物館代表などを選ぶべきである。…このように過去の内容を改善し、芸術院主催の展覧会に大衆性を持たせなければならない」

実はブラマーは紛争の第三者だったわけではない。

ブラマーの前任者は、シャーマン・リーだった。第三章に登場する、アメリカに戦争画を送ることに反対した人物である。

リーは、梅原、安田、日本美術研究での協力者、益田義信などから日展問題についての見解を上申されていた。それをまとめブラマーに託していたものが発表されたのである。

益田義信は鈍翁・益田孝の孫。梅原に師事し、パリ留学時代に宮田重雄と交友があった。宮田は昭和二十一年に「美術界の節操」と題した朝日新聞への投稿で、フジタを戦犯画家として厳しく批判した人物である（第五章参照）。

日展への反抗勢力はGHQの威光を利用することによって反撃をはじめる。彼らが、フジタを叩こうとするグループと重なっていることは注目すべきである。

混乱の中で機を見るに敏なマスコミがある。

毎日新聞は社説で「日展廃止論」をとり上げた。日展のやり方は美術の振興ではなく統制だと論じたのである。梅原、安井らの主張を「美術界の民主化」として応援した。

団体の民主化

さらに毎日は美術団体連合展という新しい戦術を考案した。

在野の有力団体を集め、各団体で選出した作品を横並びで展示しようという企画である。ちなみに、日展は美術家たちに上下関係をつけて、その階級構造がはっきりとわかるような展示方法をとる。展示という形で画壇内のヒエラルキーを明示することが日展の使命でもあるからだ。

美術団体連合展は、実質的に日展の外部に美術家を再組織しようとする目論見でもあった。

連合展は美術家からも一般鑑賞者からも歓迎された。美術団体連合展が、画壇の階級構造を解消し民主化へと向かう道のように見えたからかもしれない。しかし、本質はそうではなかった。

本質は日展という組織と、さまざまな美術団体がある意味で〝民主的〟に併存できるようになったというに過ぎない。しかし、芸術創造の主体である美術家そのものは民主化されることはなかった。

日展はもちろんのこと、各美術団体の大半の組織において、美術家たちの階級システムは温存されたからである。つまり連合展は、美術家の階級システムを各組織内で残しながら、団体同士の関係を民主化するにすぎないものだった。

こうして、美術家の上下関係を作り出すための公募展システムという、世界に類例のない日本特有の基本構造がいつの間にかしっかりと補強されていった。

今日に至るまで残されてきた、日本画壇の堅固な枠組みである。

日展という組織と、さまざまな美術団体がある意味で民主的に併存できるようになったという事態は、はたして日本の文化にとって一歩でも前進だったのか。

戦後、さまざまな公募団体が雨後の筍のように生まれた。宣言文の多くには、「世界性」という言葉が、流行語のように謳われるようになっている。

だが、大半の団体の実体は、ひとことで言えば美術家たちの封建的な村社会である。入村した美術家は、その小さな社会の中で、村長《むらおさ》や先輩の顔色を伺いながら、一途に栄達を望んで創作に専念することになる。

ほとんどの美術家は、隣の村（公募団体）をのぞき見ることはあっても、世界を展望することなどはほとんどしない。

かつての官展（帝展、文展）のような中央集権的で統合的な組織が権力を存続していた方が、少なくとも「村」ではなく「日本」というもっと大きな視野を持つことができていた。

日本が日々いやになる

フジタは昭和二十一年の日展で、芸術院会員として最後の審査員を務めたが、二十二年の日展は、審査を放棄している。

「今年は（日展の）審査鑑査をなまけて自分の画をかくことにした」（昭和二十二年十月の日記）

フジタは日本出国前に、「画家はけんかをしないでください」とひとこと残した。

「けんか」とは画壇内部の不毛な泥仕合に対して言ったものである。最後にそんな老婆心を表明したとはいえ、昭和二十二年はフジタの人生でもっとも辛い一年だったかもしれない。

紛争をなだめようとする気力もなかったし、仮にあったとしても聞く耳を持つ人はいなかった。居場所はどんどん閉じられていく。そこをこじ開けようとして座り込む意欲もない。

沈黙を守れば、肥大化した自分の噂や中傷が、耳元をかすめた。

「日本が日々嫌になる　いいことなんて一つもない　益々悪くなる許《ばか》り」（七月二十二日、日記）

フジタはひたすら絵に専念することによって救われようとしている。

そんな折、暗鬱な気分をさらに打ちのめすようなニュースを読む。

「追放令のかかった八十の清水院長（日本芸術院院長・清水澄）が熱海で孫の位牌とつぎはぎだら

けの靴下はいて、五百四十円持って水死。知ったのは二十八日の朝だった。世の中悲しい寂しい事許りだ」(九月三十日、日記)

清水は憲法学の権威で、戦中は法曹界の要職にあった。それがＧＨＱの公職追放令に遭い、尾羽打ち枯らして自殺した。

フジタは身につまされた。葬ったはずの亡霊がどこからか蘇ったような思いに苛まれた。彼は自分の死を垣間見たような気がした。

しかし、日記には続けて次のように書く。

「生きなくちゃ駄目だ。生きてこそいい画も出来る。まだ元気だ」(同日)

絵さえあればどんな状況からも立ち上がることができる。フジタはそう信じきることができる画家である。

日展への反抗勢力にとって野望をかなえるための仮想の敵は明らかにフジタだった。

彼らはフジタが悲鳴なり怒りの声を上げてくれることを望んだ。声を上げれば、攻撃はもっと容易になる。「戦犯画家」と「美術界の民主化」と、大衆はどちらの味方をするか。わかりきった結果を想像するだけで笑いがこみ上げてくる。

画壇の内部で着々と進められていく謀《はかりごと》に対して、フジタは何事も語らずただじっとこらえている。

最近はシャーマンのいる前でも、フジタはときおり歯を食いしばったまま放心するような顔になる。「ボヘミアンの王様」の写真からは想像できない、青ざめた表情を見ていると耐えられないような気持ちになった。

残された道は一つしかない。

シャーマンは密かに組み立ててきた計画を実行しようと心に決めた。

第十一章　二人の裸婦

改装

フジタの家を訪ねた折には、フジタの美意識が行き届いた室内を、相手に失礼にならないよう気遣いながらくまなく観察する。シャーマンはフジタの家を、生きているフジタ美術館だと思っている。

壁紙、電灯のシェード、椅子、テーブル、食器、床、カーテン、テーブルクロス。道具屋から買ったものでも、フジタの鑑識眼が生きている。テーブルや椅子などには、小さな絵が描かれたり、彫刻が施されたりしている。

だから、フジタ好みの色や材質を知り尽くしているという自信がある。自分のオフィスを「フジタの部屋」に改装してしまおうとシャーマンは思う。

板張りの床の上に、白と濃紺のリノリウムを市松模様に敷き詰めてみる。応接椅子のカバーやカーテンも濃紺に替えてしまう。

歩いても三十分もかからない距離にあった凸版印刷のオフィスに、フジタは人が集まらない日を見はからってひょっこり顔を出す。

シャーマンは仕事をしながら、フジタが現れるのをいつも頭のどこかで待っている。オフィスは仕事部屋だが、フジタのための応接室だとも思っている。

改装が終わったころ、前触れもなくフジタが現れる。いつものことだ。

フジタは部屋に入ったとたん、あいさつの言葉を忘れて唖然と室内を見回している。

「ぼくの部屋を作ったんだ！」

その一言で合格点をもらったと思う。シャーマンは子どものようにうれしくなる。

だが、部屋の一隅に目を留めたフジタは首をかしげている。そこには調理用のストーブがあって、パーティーが開かれるときに便利だと思いレンジを取り付けてある。その方向に人差し指をつき出してフジタは言う。

「あそこはどうにかしないと」

たしかに、応接室に台所がむき出しになっているようなものだ。独身のシャーマンは自分のうかつさに頭をかいてしまう。

金屏風

「どうしたらいいでしょうね」

「衝立を置こうよ」

「衝立?」

「ほら、鎌倉の骨董屋で君が買った国宝級の金屏風だよ」

シャーマンは思い出して、頭がかっとなる。日、独、伊の三国同盟締結を記念して、時の宰相近衛文麿がヒトラーとムソリーニと自分のために作った金屏風のひとつだというフジタの作り話にシャーマンがまんまとだまされて買わされたあの屏風である。

自分の眼力のなさを恥じ入って、収納箱に入れたまま開けてもいない。

「ちょっと出してみないか」

シャーマンは台車で運んできた大きな箱から、高さ二メートル以上ある金屏風を出してレンジの前で開いてみた。

フジタはしばらく屏風の前でじっと立っている。

「よし。あとでこれをアトリエまで運んでくれないか。五日ほどしたら連絡するよ」

すくっと応接椅子から立ち上がると、「コーヒーでもいかがですか」という声も背中で聞き流して部屋を出て行ってしまう。

フジタの家を訪問するときもよくそんなことがある。「ちょっと失礼」と言って応接室から出たまま、置き去りにされていつまでも戻ってこない。アトリエを覗くと、一心不乱に筆を動かすフジタの姿がある。

フジタは何かを思いつくと瞬時に別の世界に行ってしまう癖がある。

植物の精霊

フジタは屏風をどうしようとしているのかシャーマンにはおおよそ想像がつく。だが、そこに何が出現するかは見当もつかない。仕事に集中しようと思っても、屏風のことに気が行くと、視線はいつの間にか中空を泳いでいる。

そんな日が数日続いて、きっかり五日目に電話があった。

「できたよ。見に来ないか」

アトリエに入ると、金屏風はすっかり様変わりしている。シャーマンは喜びで飛び上がりそうになる。二枚のパネルそれぞれには、上からキャンバスが貼られ、古典的な正攻法の写実描写による裸婦が描かれている。

左の女性は、片腕を胸の上に上げて少し左を向いている。右の女性は、左腿に手を重ね正面を向いている。背景には光を含んだ早朝の雲が広がっている。つる草の植物をまとった体は空の光に輝きだそうとしている。シャーマンは植物の精霊だと思う。

シャーマンの感動は絵の出来栄えによるものだけではない。フジタがいま希求しているものが、こういう生命の無垢な形になって表現されたことに心が揺り動かされている。

でもこれだけでは絵として物足りない。まだ〝フジタ〟になりきらない未完成作だ。

シャーマンが口を開こうとするのを見て、フジタはさえぎった。

「そう、未完成さ。何が欲しい？」

シャーマンは恐る恐る答える。

「彼女たちは、何と言うか、もっとたくさんの生命に取り囲まれなければならない、そんな気がします」

「僕が本当に描きたいものを君は気づいてくれる。この絵を持つにふさわしい人だということだよ」

シャーマンは照れくささで赤面する。

「それは植物ですね」

「そう、それも熱帯植物だ。うちの庭に咲いているような花ではなくて、もっと強く、生命力に富んだ植物だ。彼女たちを荘厳するにふさわしい。それをこれから写生したいと思っている」

「でも、この季節にいったいどこにあるんですか」

「そうだな」

フジタはずるそうな顔になって腕を組む。

「新宿御苑かな。あそこに空襲を免れた大きな温室があるはずだ」

シャーマンはボヘミアンの王様に憧れていたが、根は生粋のボストン紳士の教育を受けた青年だ。真顔で言うフジタの冗談を見抜けるほど人生の年輪は重ねていない。

新宿御苑の名を口にする方もする方だが、安請け合いしたその時は御苑がどんな場所かまだシャーマンは知らない。知らなくて幸いだった。

新宿御苑

御苑の管理人室にいたのは年老いた男で、居眠りの舟をこいで、椅子からだらしなく足を投げ出している。擦り切れた制帽が今にも頭からずれ落ちそうだ。

シャーマンは少し強めにガラス戸をたたく。老人は飛び上がらんばかりに起きた。

「バナナの葉っぱはあるかい」

八百屋で野菜を買うような言い方だが、老人は英語をまったく解さない。きょとんとした顔で、とりあえずシャーマンを管理人室に入れてしまう。

シャーマン・ルームを飾る「植物の中の裸婦」とシャーマン

シャーマンは公園でいらない葉をもらうような気軽な気持ちで話している。老人は、急に現れたアメリカ人を見て、お上《かみ》のさらにその上の方から命令を受けたような顔になっている。ともかくも老人は鍵束をつかむとシャーマンを温室へ案内する。

シャーマンがあの葉を欲しい、こっちの葉を取ってきてくれと手振り身振りで指示しているうちに、さまざまな植物の葉が足元に積み上がっていく。

充分な量が集まった頃、「ありがとう、助かりました」と大きな声で礼を言うと、相手は「ジープに積み込め」という命令だと勘違いしている。古新聞をどこかから持ってきて葉を包んでから、どんどんジープの後部座席に積んでいく。年寄りとは思えない手際のよさだった。

そのままフジタ宅に着くと、アトリエの床に葉の束をどんどん運び入れていく。

あっけにとられているフジタは、シャーマンの搬入仕事が終わると聞いてみる。

「どこから取ってきたんだ」

「あなたが言った新宿御苑です」

「あそこがどんな公園か知っているのかい」

シャーマンは初めて、天皇が大切にしている場所だということをフジタから聞いた。宮内庁管理のいわば天皇の庭園だ。大正天皇の葬儀も行われた神聖な場所である。

フジタは笑いを必死でこらえた真顔でとうとうと説明している。

すると、あの老人は天皇のしもべだったんだ。シャーマンは自分がしでかしたことにようやく気づいて、全身の力が抜けるような気がした。

「また五日ほどしたら連絡するよ。楽しみに待っていてくれ」

フジタはウインクをすると、裸婦像を立てかけた壁の方へ行ってしまう。

思う存分に二度もかつがれたわけだが、怒る気持ちは湧いてこない。人をだまして金屏風を買わせたり、ありえない場所から絵の材料を取って来させたり、すべて絵を描くための策略だったのかもしれない。

そう思えば何とも痛快であり、フジタという人はとんでもない画家だと改めて思うのである。

予告通り五日後ぴったりに、フジタから「でき上がったからおいで」という連絡が入る。

二人の女神はそれぞれ熱帯植物の葉に囲まれて見違えるように変わっている。おとなしくポーズを取っていた裸婦が、輝くような生命感を表出している。ただ裸婦を描くのではなく、自分が描けばこのようになるのだよ、ということをフジタは伝えたかったのだろう。

作品は中央で折りたためる二曲の屏風だが、フジタは各面それぞれにサインを入れた。理由は教えてはくれない。

二度かついだことの〝オトシマエ〟なのか、二つの作品に分割できるという意味なのか。贈り主にあれこれ詮索するのは〝ヤボ〟だという日本の作法を学びはじめていたので、シャーマンは聞くことができない。

シャーマンはフジタからどうしても受け取ってほしいという作品を除いて、正当な代金を必ず支払うようにしてきた。尊敬する画家への最低限の敬意だからだ。のちに「植物の中の裸婦」と題されるこの作品に、シャーマンは二点分をドルで支払った。ドルは、円とは比較にならない価値がある。

理由はもうひとつ。ドルをフジタの手に持たせることは、シャーマンの作戦の重要な布石でもあったからだ。

第十二章　妨害

パリは呼んでいる

ＧＨＱから公職追放はないという知らせが届いた昭和二十二年二月上旬、シャーマンはお祝いのつもりの食料品を山のように抱えて、フジタ宅を訪ねた。

春の日差しにほころびはじめた紅白の梅を、庭の小道で立ち止まって眺めていると、応接間の方から君代の華やかな笑い声が聞こえてくる。

久しぶりだ、君代さんがはしゃいでいるのは。シャーマンも心の中に春の気分がふくらんでくるような気がする。

応接室には先客があった。精悍で知的な風貌のフランス人ジョルジュ・グロジャンを、フジタはパリでもっとも有名なジャーナリストだと、相手の二の腕を軽く叩きながら紹介する。

「自分がパリで有名になれたのも彼のおかげ。今日は自分を取材するためにわざわざ海を渡って訪ねてくれのたのさ」

シャーマンはフジタ流のユーモアに微笑んだが、グロジャンは真面目にうなずいて同意している。

シャーマンは肩をそびやかしたくなるが、笑顔を返すことに留めた。

グロジャンは、「さて」とばかりに、シャーマンの正面を向くと、それまでの会話を復習してくれた。

「パリの美術界はだれもがフジタが戻ってくるのを待ち望んでいます。そのことを伝えると、ちょうど彼も戻ろうかと考えていたところ。戦争が終わったばかりで手続きは手間取るかもしれませんが、私はできる限りお手伝いしますよ、とお伝えしていたところです」

グロジャンの用件は終わったと見えて、立ち上がる。

フジタは「玄関で少しお待ちを」と声をかけて、アトリエに入っていく。

シャーマンが目で後ろを追おうとすると、君代は「私たちはパリに行けるのよ。グロジャンって何て素晴らしい人」と少女のようになってまくしたてる。

それでも、風呂敷に包んだ絵をフジタがさっと相手に渡すのを横目で見逃さなかった。目的はそれか、とシャーマンは理解する。

シャーマンはこの会合で、胸にしばらく秘めておかなければならないことができた。

フジタが今パリに行くことはほぼ不可能だということである。

理由は二つある。

フランスは連合国の一員とはいえ自国を解放したアメリカに頭は上がらない。アメリカが許可を出さないかぎりフランス外務省は査証を出すことはない。占領下の日本から出国を厳しく制限している現状で、フジタというい ろいろな意味で特別な人物に、優先的に許可を与えることはきわめて難しい。

二つ目の理由は、フランスの国内情勢だ。

フランスが解放されてから、ナチの協力者狩りが国中で行われている。疑いがかけられてリンチで殺された人間が一万人に上るという噂もある。

フジタとも交友のあった著名な画家アンドレ・ドランは、ナチに利用されたという理由だけで公職から追放されている。画家がひとりも公職追放されなかった日本に比べて、戦争協力問題についてのフランスの追及は苛烈をきわめている。

それがいつまでも続くとは思えないが、今は時期が悪すぎる。

グロジャンはそのような情報を公正にフジタに伝えることをしていない。そればかりか、楽園に招くような甘い話ばかりをしている。

シャーマンは真実をありのままにフジタと君代に伝えることはできなかった。彼らに今必要なのは真実よりも、生きる希望なのだ。

フジタ宅を訪問したフランス人ジャーナリスト、グロジャン（左から二人目）（撮影：フランク・シャーマン）

君代はフジタほど強くはない。戦争をくぐり抜け、自由を得たと思ったのもつかの間、美術界の仲間は背を向け、見えない手でいたぶりを繰り返す。もはや精神的な限界に来ている。最近はシャーマンのいる前でも、君代が夫に向かってヒステリックな罵声を上げることもある。もし、パリという希望を失ったら二人はどうなるのか。

有頂天

ジョルジュ・グロジャンがフジタのパリ行きを応援してくれて、成功に太鼓判を押してくれたのが昭和二十二年の二月。

その日以降のフジタの日記を読むと、夢が現実の方に着々と近づいてきて、君代と二人で有頂天の日々を送っているように見える。

「愈々《いよいよ》フランス行キ話進捗して今年中に行けそうになり……国際人として他に人なく自分(は)先鞭つけて外国に行く事とならん」(二月二十八日)

四月十九日(外務省より)外国渡航許可証が発行される。

「仏領事より仏へ渡航許可外務省より来れりとて　出頭せよ通知」(五月二十九日)

日記とは別の翌三十日の記録に次のように記す。

「待ちに待った仏蘭西からの返事が来た。君代の顔は瞬時に赤くなった。食堂にいって涙がとめどなく流れたと言う。私は家中を歩き廻り足が軽くてダンスをした。口笛を吹いた。歌った。庭に出た。何処に居ても落ち付かなかった。

七千萬の日本人の中の只一人の羨望の的になるのだ。見返してやる時が来た。君代と私丈がこの秘密を知って居る。

私は自信はあった。必ずいける。しかし何日か、これが問題丈だった。

仏蘭西に行ける。巴里に行ける。今度は長く居る。死んでもいい。巴里の土になる覚悟だ。一日も早く日本から離れて私の芸術のためにのみ生きられる。日本に居てすべての周囲に邪魔される事もなくなる。私の芸術も完成出来る。その事が昨日公然と決した」

「いろいろ家のもの売り一〇〇万位うった」(六月二十三日)

「巴里へ十月に着いた夢を見た」(六月三十日)

領事館からビザ発行のための書類が送られてきて、フジタはすぐにサインをして返送する。着々と準備が進んでいる。

その日は刻一刻と近づいているように思えた。

だが、期待とはうらはらに現実は一歩一歩遠ざかろうとしている。

シャーマンの予想したように、フランスは国内情勢が混乱していた。GHQの顔色も伺わなければならない。フジタほどの大物の渡航許可は、フランス政府の外交上の政策に関わる問題でもあるからだ。

そして、もうひとつ。忍び寄る黒い影の脅威をフジタは過小評価している。それだけ有頂天になりすぎている。

会う人ごとに「ここだけの秘密だけど」と前置きをして「パリへ渡るんだよ。こっそりね」と言っているうちに、マスコミでも知らない者がいなくなるほどの「ここだけの話」になっている。

キミも来給え

昭和二十二年の春の終わりに、当時まだ画家の卵だった岩崎鐸《たく》がフジタ宅を訪問したときの記録（岩崎鐸『画家　額縁のない自画像』実業之日本社）は、この時期のフジタのさまざまな面を伝える重要なものだ。

桜の花びらが散り敷く路地を通って、枯れた蔦がからまる庭木戸の前にたどりつくと、岩崎鐸は大きく深呼吸をした。

紹介状もなしに訪問して、本当に先生は会ってくれるのだろうか。絵を見てくれるだろうか。風呂敷に包んだキャンバスを小脇に抱えている。ようやく描けたと思った会心の作が、突然みすぼらしく思えてくる。

半ば門前払いを覚悟していたのに、初対面の岩崎をフジタはアトリエの中まで案内してくれる。

それから二時間近くフジタはひとりで話し続けた。四十年以上の波瀾に富んだ画業の体験から煮詰めた自分の教訓と信条を初めて会う画家にこんこんと語り伝えた。

先達の教師が教え子にする訓示ではなく、友人に近い先輩が後輩に教科書には書かれていないことを教えるという語り方なのである。

作品を広げると懇切丁寧にアドバイスをくれた。

別れ際に岩崎はどうしてもしたかった質問を思い切ってぶつけた。

「先生はまたパリへ行くんですか。」

「もちろん、行くよ。どんな困難な事情があっても突破してね。キミも来給え。約束しよう」

とフジタは手を差し出した。

岩崎には、まったくどう考えても実現不可能なオトギバナシのようなことで、夢の国の話を聞いている思いがした。

フジタはなおも熱っぽい口調で語り続ける。

「日本の画壇はひどいところだね。ぼくは戦争中と、その後の作家の変わりかたに呆れているよ。あれほど戦争中世話をしてやった連中が、いまは誰一人として訪ねても来ない。

そして絵描きどうしが絶えず喧嘩をしていやだね。芸術上の論争ではなくて、ケチな縄張り争いやら勢力争いで、つくづく画壇ってものに愛想がつきたよ。なぜもっと仲よくできないんだろう。みな絵描きじゃなくて政治家だよ。家の子郎党をたくさんつくって勢力を張り、お山の大将になって号令をかけたいのね。若い作家も、勉強することは二の次で、誰の門下に入れば早く出世できるかと、キョロキョロする連中ばかり。

また、若い良質の作家が出ても、それを育てるんじゃなくて、寄ってたかって引きずりおろして、叩いてしまうのね。絵描きの嫉妬はこわいからね。

ぼくはもし今度パリに行ったら、もう帰らないよ。

いまアメリカで個展をやる準備をしているんだ。誰にも見せない作品だが、君に見せよう。

せっかくこんなところまで訪ねてくれたんだもの」

フジタは画室の隅に積み上げてある二十点ぐらいの新作を並べて見せてくれた。絵は幻想的な海女、子どもの肖像、猫と裸婦などのモチーフのものが多かった。

「これらの絵でニューヨークで個展をやってパリへ渡るんだよ。こっそりね」

フジタはいたずら小僧のように目を細めて舌を出した（岩崎鐸・前掲書より）。


その頃、フランス領事館には、フジタの渡仏を抗議する手紙が送られている。ほとんどが、フジタと面識のない、しかも画家でもない人物からのものだった。女性運動家だったり、学校教師だったり。シャーマンはフランス領事館の人間からたまたまその話を耳にすることになった。

シャーマンは手紙の差出人に連絡したこともある。しかし、相手は「そんな手紙を出した覚えなどない」と頑として言いはった。

だれかが他人の名を騙《かた》って投函しているのだろうか。それ以上追跡する手立てはなかった。

第十三章　ケネディ画廊の個展

ロスコレンコ

「一儲けできる仕事があるんだが、日本に来ないか?」

ロスコレンコは電報のような短い文面の手紙を受け取った。

ハリー・ロスコレンコは詩人と称していたが、ライター、記者、編集者、注文があれば何でもこなす重宝な男だった。

彼は本の執筆プランを四つ持っていた。地元ニューヨークの出版社はどこも相手にしなかったが、彼にはそれを世に出すという夢があったので、シャーマンの言いつける半端仕事は何でも引き受けた。いまはアメリカで発行される雑誌のダイジェストを書くという仕事を請け負っている。

「エコール・ド・パリの寵児は生きていた　独占インタビュー」

シャーマンが送った記事企画にリーダーズダイジェストの編集長はすぐに飛びついてくれた。

原爆で死んだと報道されたフジタについて、その追悼特集を準備しようとしていたニューヨークの新聞もあったほどだ。センセーショナルな記事になるはずだ。

ロスコレンコはパリ時代のフジタに会ったことがある。フジタの代表作に何度も描かれた「モンパルナスのキキ」という有名なモデルを、紹介してもらったこともある。

彼はフジタのインタビュアーにうってつけだ。

東京に到着したロスコレンコと一通り取材の打合せをしたあと、シャーマンは本命の重要な仕事を打ち明けた。

「ニューヨークでフジタの展覧会を開いてほしい。そのプロデューサーに君がなるんだ。絵が売れれば、儲けは画家と折半だ。どうだい」

フジタ・ツグハル――ロスコレンコは美術の世界に暗くはなかったので、フジタがどのくらいの値打ちがあるかぐらいはよく知っていた。

「どれほどの規模の展覧会なんだ?」

「五十点ぐらいの展示になるだろう」

ロスコレンコは頭がくらくらした。一点千ドルだとしても、ぜんぶ売れたら五万ドル。分前はその半分だって!

いやいやおれは詩人だ。ビジネスマンじゃない。しかしまてよ、二万五千あったら、おれの本を全部出すこともできる。

「どうする」

「まあ、やらせてもらおうか」

シャーマンはフジタに、ニューヨークで個展を開きたいと言っている画廊があると伝えていた。

「信用できる画廊です。私が保証します」

「なぜニューヨークで？」

フジタは話に興味を引かれていた。

「パリに行くにしても、何より先立つものが必要です。円に交換レートはありません。あちらで交換してくれるところなんてどこにもない。しかも通貨の持ち出しは厳しく制限されている。だから、絵を向こうに送って売却する方法がいいのですが、パリは経済が混乱していて展覧会どころではありません。戦勝国アメリカの株は上昇し経済は好転しています。世界中のお金が集まっているニューヨークで資金を集めるのがもっとも賢明な方法なのです」

フジタはシャーマンの説明を一回で飲み込んだ。

だがフジタの顔には迷いがあった。

「今度あなたの取材にうかがうロスコレンコさんにあなたの絵を五〇点、一枚五ドルで売っていただけませんか」

フジタは「お前は狂ったのか」と言いそうになった。すぐにシャーマンの策略に気づくと吹き出して手を叩いた。

フジタの絵は自分では海外に持ち出せない。だがアメリカ人の所有物なら税関は文句のつけようがない。

「ロスコレンコは私が太鼓判を押す人間です。すべてを彼に任せてください。必ずうまくやってくれます。売却の代金は渡航後にちゃんと受け取ることができます」

「ということは、私たちはまずニューヨークを目指すということか」

「そうです。それが最善の選択肢だということをご理解ください」

フジタはしばらく黙ってシャーマンの目を見つめている。それから口元をゆるめた。

「君はただのデザイナーじゃなさそうだな」

シャーマンは顔が赤くなった。

「べつにけなしているわけじゃない。そういうタフさがアーティストに一番必要なんだよ」

きまじめなシャーマンが、この時ばかりはピエロの顔をして大げさに肩をすくめてみせる。

キャンセル

フジタから一点五ドルで買った五〇点の作品が、ひとまずニューヨークのロスコレンコのアパートに運ばれると、たちまち寝るスペースもないほどになる。

オーナーをたまたま知っていたマンハッタンのケネディ画廊は、一流画廊と言えるかどうかロスコレンコは自信がない。ともあれ、さっさと仕事を片付けることが優先した。フジタがパリに着く前に絵が売れてなければ、シャーマンからの仕事を全部失うことになる。一攫千金の夢も泡と消える。

幸い、九月はまるまる画廊に企画は入っていない。ロスコレンコはすぐに仕事に取りかかる。自腹を切ってポスターを作り、有名人、名士、新聞記者に招待状を送りまくった。

九月二日のオープニングレセプションは、予想以上の盛況だった。タイムズ、ニューズウィーク、ヘラルド・トリビューンなどの一流の雑誌新聞がこぞって好意的な記事を掲載してくれた。

丸眼鏡をかけ口ひげをはやした小柄な日本人が、地下鉄への降り口脇の新聞スタンドで見出しを目に留めると、あわててポケットの小銭を探した。

記事を読み終わった男は顔面が蒼白になっている。電話ボックスに入り、コインを入れるとかがんでひそひそ話を始めた。

男の名前は国吉康雄と言った。

壁の作品に売約済のマークが昨日より七つ増えている。画廊のマネージャーは満面の笑みを浮かべてロスコレンコの肩を叩いた。成功は間違いないように見えた。

行きつけのバー・カウンターでロスコレンコは五杯目のお代わりを頼んだ。めったにしか飲めない上等なバーボンを両隣の常連にも気前よくおごっている。

バーテンは酒を注ぐ前に、電話が入っているとロスコレンコに耳打ちする。カウンターの端にある受話器をとって、しばらく用件を聞いていると、にやけた彼の顔が突然青ざめた。

席にもどると、酒を注ごうとするバーテンの手を止めた。

電話はケネディ画廊のマネージャーからだった。展覧会の最終日前日の今日になって、売約していた作品のすべてがキャンセルになったというのである。

展覧会の始まった直後からぼんやりと悪い予感があったことを思い出した。

ファシストを許すな

「フジタがニューヨークで個展をやってる？　ふざけるな」

国吉のアパートにやってきた画家仲間ベン・シャーンは、ベッドのパイプをげんこつで叩いた。壁のデッサンが鋲からはずれる。

リトアニア生まれのユダヤ人ベン・シャーンは、あらゆるファシストを憎悪している。日本の軍部に協力したフジタはイコール・ファシストだった。

すぐに思いついた行動プランが彼にある。国吉は一も二もなく賛成すると思っている。計画を聞いた国吉は頭が重かった。シャーンの言うことはよくわかる。だが、フジタには返していない恩義がいくつもある。そのことを口にすることができない。

「やつは日本から逃げてアメリカに来るつもりだ。おれたちは手を組んで追い払わなければならない」

シャーンは、フジタがケネディ画廊で展覧会を開いたことを渡米のための布石だと読んでいる。

国吉は「フジタがアメリカに来ることだけは止めてほしい」と心で叫んだ。フジタに恩義があったが、今のニューヨークでの自分の立場上、シャーンのプランに乗る以外の選択肢がないことを知っている。

悪夢

画廊の前にほとんど毎日、交替で男が立っている。顔は知っている。二人とも売り出し中の画家だった。一人はベン・シャーン。もうひとりは日系人のヤスオ・クニヨシ。

二人を見て悪い予感がしたことをマネージャーに伝えると、的中していたことが明らかになった。

マネージャーによると昨日、きちんとした身なりの白人と日本人の二人の男が絵を見に画廊に来た。日本人は画廊の隅でむっつりした顔で絵を見ている。白人は陽気に世間話をして愛想をふりまいている。

「私も一点欲しいけれど、どんな人が買っているのですか?」

金持ちそうで買いそうな風でもあったので、すでに売約した客の名を聞かれるままに答えてしまった。

二人が何も買わず帰ったあと、三、四時間経った頃、売約した客から次々に電話が入った。いったいどうしたのかと聞くと、名を名乗らない男から電話がかかってきて、「アメリカに災禍をもたらした日本の戦争画家の絵など買ったら、あなたの評判は地に落ちますよ」と言われたという。

ロスコレンコは後に自伝的小説『脅迫された者』で、ケネディ画廊の事件についてつづっている。

「ギャラリーの出費を助けるため、私はすでに千ドル以上の自己資金をつぎ込んでいた。私とギャラリーは広告を出し、DMを送り、コレクターを探し回った。アメリカ人であり日本人でもある芸術家のクニヨシ、何年も前には藤田と親交を結んでいた友達のクニヨシが藤田を攻撃した。彼はこの老人のことをファシストと呼んだ。また、大日本帝国主義者とも、領土拡張主義者とも、また一九四一年に美術の教授として帝国軍と一緒に行軍したとも言って糾弾した」

クニヨシ

ロスコレンコからの長い電報を受け取ったシャーマンは、すぐにGHQ民間情報教育局（CIE）の知り合いに電話をした。二人の情報を本国に問い合わせて欲しいと。

すでにベン・シャーンと国吉がコミュニストのシンパで、当局からマークされているということは小耳にはさんでいる。

マッカーシー上院議員は、政府を巻き込んで共産主義に関連した思想に傾倒する人間についてあらゆる情報を収集しているところだった。大規模で徹底した赤狩りがはじまろうとしている。

だが、どうして国吉とベン・シャーンはフジタの展覧会を妨害しなければならないのだろうか。

CIEから送られてきた分厚い資料を、シャーマンは丹念に読み込んでいく。

一八八九年に岡山県に生まれた国吉康雄は、十七歳の時カナダ経由で渡米。鉄道工夫やホテルの雑役夫をしながら絵を学ぶ。

一九四一年十二月、日本はハワイ・オアフ島の太平洋艦隊を攻撃し太平洋戦争の火蓋が切られた。翌四二年二月、ルーズベルト大統領は、行政命令に署名し、在米日本人十一万二千人を強制収容所に送り込んだ。

この中に国吉はいない。ＯＷＩ（戦争情報局。ルーズベルトが設置したアメリカ合衆国の情報・プロパガンダ機関）の情報宣伝活動に従事することを志願したからだ。

ＯＷＩでの国吉の活動は多岐にわたる。日本向けの短波放送で、「あなたがたは人類を奴隷化する者たちに協力してはなりません」と呼びかけた。裕仁天皇のカリカチュアの横に国吉がポーズをとる姿が『タイム』誌に掲載された。

数々の戦争ポスターを描いたが、その中には、日本兵が赤ん坊や女性に銃剣を突き立てる絵がある。日本人に士気を失わせ、アメリカ人に日本への憎悪をかき立てるために、国吉はあらゆるメディアで活躍する。

国吉は日系米人でも、帰化米人でもない。死ぬまで国籍は日本だった。

戦勝国と敗戦国の違いはあれ、フジタも国吉も戦争画に深く関わっている。終戦からすでに二年を経過している。アメリカによって数百万人の日本の民間人が原爆や空爆によって虐殺されたことをすでに知っている国吉が、フジタの戦争協力を非難する真意はどのようなものであったのだろうか。

一九四四年頃、彼はうつ病に苦しむ。自分自身が恐ろしくなり、人生のゆがんだ暗い一面のみを見たり感じたりする精神状態に苛まれたと「自伝的所見」に書き残している。

国吉にとって戦争画への協力は、収容所から逃れ、生きるための方便だったのかもしれない。だから、アメリカの情宣活動への協力は狂信的な過激さへと向かうこともあったのかもしれない。

ＯＷＩにおける反日プロパガンダの仕事の同僚には、渡米して苦学しながら画家を目指した、国吉と同じような経歴の石垣栄太郎（一八九三〜一九五八年）がいる。後にアメリカ絵画シーンの世界的な巨匠となるベン・シャーン（一八九八〜一九六九年）もいた。

ＧＨＱは結局、日本の戦争画を一度も非難しなかったし、描いた人間を処罰することもなかった。アメリカは「戦争画」が生まれる必然性を知っている。もし「戦争画」を否定するならば、戦争そのものを否定しなければならないことも知っている。

国吉がフジタの渡米を恐れる理由は二つあった。

ひとつは、国吉はフジタに少なからず恩義があったこと。一九三三年にフジタがニューヨークに滞在した折、国吉とフジタは親密になった。フジタは国吉の作品を評価し、日本に国吉を紹介する労をとって画家として成功するために支援をしている。

しかし、反日プロパガンダの先頭に立った者が、日本の戦争画のトップと旧交を温めることなど、どの面下げてできるのか。国吉はそこまでしか考えることのできないあまりにも実直な男だった。

二つ目は、当時国吉は、アメリカの美術界での評価が高まり、アメリカ美術家協会初代会長に推されるなど画家としての上昇気流にのっていたことである。

フジタは敵国の画家だったが、未だに、アメリカにはフジタの栄光を忘れていないコレクターやファンがたくさんいる。フジタがこの国に来たならば、自分はあっけなく吹き飛ばされてしまうのではないか。国吉は心優しいが、悲しいほど気の弱い男だった。

焦燥

シャーマンは、ニューヨークでどんなことが進行しようとしているか想像がつきはじめている。

最悪のストーリーは、フジタがパリだけでなくアメリカにも渡ることができなくなることだった。何も手を打たなければ、行き着く結果はひとつしかない。

ボヘミアンの王様の破滅。頭の中が凍りつくような白昼夢が襲ってくる。

絶対にそんなことになってはいけない。

そのときデスクの電話がなった。ロスコレンコからだった。

「どうしたんだ、電報は受け取ったんだろ」

「ああ」

「どうする」

「考えてるところだ」

「とにかく、おれは、あいつらを業務妨害で訴える」

「それはやめろ」

シャーマンは思わず叫んだ。「火に油を注ぐようなものだ。しばらくじっとしていてくれ。君の損失はぼくが必ず何とかする」

シャーマンは国吉とベン・シャーンのバックには大きな組織があることを知っている。それが動き出せば、フジタは確実にアメリカに入国できなくなる。

「わかった」

「計画をスピードアップしなければならない。だれか協力者をもう一人探してくれないか」

「どんな奴だ」

「ニューヨークの美術界に詳しくて、うさぎのようにすばしこく動ける奴だ」

「ああ、それなら適任がいる」

一方、ベン・シャーンは、ファシスト・フジタへの抗議行動を展開する計画を着々と進めている。「ファシストを叩きのめす」というテーマは、ベン・シャーンとその仲間たちを協力者につけるための最上のスローガンだった。

やがて画家から五十人以上の賛同者が名乗りを上げ、大きな勢力になろうとしていた。

ヘンリー杉本

ロスコレンコが目星をつけた人物は、ヘンリー杉本（一九〇〇～一九九〇年）という日系二世の画家である。

和歌山県の出身で、十九歳の折、両親が働くカリフォルニアに渡る。美術教育はアメリカで受けた。渡米のいきさつは、国吉康雄と似ている。

だが日米戦争の時代をアメリカでどう切り抜けたかは対照的だ。国吉は、戦争情報局に入り米軍の情宣活動に協力することによって、日本人強制収容所入りから免れた。

杉本には反米活動歴もそうした思想もない。米人画家としてこの地に骨をうずめるつもりでやって来ていた。国吉は死ぬまでアメリカ国籍を取れなかったが、杉本はアメリカ国籍の日系二世だった。

しかし、一九四二年にアメリカ当局に拘束され、妻子とともに、ジェローム収容所に送り込まれた。のちにローワー収容所に移送され終戦を迎えた。

収容所は砂漠の中のプレハブ小屋で、足掛け四年、一日中監視される生活を送った。杉本は、過酷な収容所生活の様子を見たままに、約百枚の絵に残した。作品が露見し懲罰を受けることを恐れて、収容所から解放されるまで作品を隠し続けた。

杉本は一九三三年、フジタのアメリカ旅行の途中、サンフランシスコで画商の仲介によって会った。二人はまったく違った人生を歩んできたが、故国を離れて、だれの手も借りずに自ら信じる絵を切り開いてきたという生き方は、相通じるものがあった。


ケネディ画廊でフジタの展覧会が開かれているのを知った杉本は、心が躍った。戦争を乗り越えて描き続けたフジタがいる。国吉と正反対の反応である。

杉本はどうしてもフジタに再会したいと願う。

接客のために画廊にいたロスコレンコは、一作一作にゆっくりと足を止める杉本に声をかけた。

「フジタをご存じですか」

応接の椅子に案内された杉本は十四年前のフジタとの思い出を語った。

「原爆で死んだというニュースもありましたが、廃墟の東京でよくこれだけの作品が描けたものです。私の感動をフジタに伝えたいと思いますが、住所を教えてもらえないでしょうか?」

「残念ながら事情があって、お教えすることができません。ですが、東京にいるフランク・シャーマンという人物に頼んでみれば何とかなるかもしれません」

シャーマンから人探しを頼まれる以前だったが、ロスコレンコはこの時、杉本はわれわれの力になってくれる、と心に刻んでいる。

この時期、海外からのフジタ宛郵便物はすべてシャーマンの住所に送られてくるようになっている。GHQの将校待遇になっているシャーマンへの郵便物は、完全な秘密が守られている。シャーマン気付の杉本の手紙はすぐにフジタに届けられた。

読み終わったフジタはシャーマンに言う。

「彼にも手伝ってもらったらどうだろうか」

シャーマンはノーとは言わない。ただ、杉本に一つテストをしなければならない。合格したらチームに迎えよう。ただ、そのことはフジタに言えない秘密だった。

「杉本氏に国吉氏と接触するよう、頼んでみたらどうでしょう。国吉もあなたに借りがありましたよね。仲間は一人でも多いほうがいいです」

フジタは杉本に手紙に書いた。

「国吉に協力者になってくれないか聞いてもらえないだろうか」。

杉本は国吉がフジタに対して何をしようとしているのか予備知識をもらっていない。それはフジタ自身も知らないことで、シャーマンの胸に留めていることである。

杉本は国吉に会うと、国吉がかつてフジタの世話になったことをほのめかしながら、協力者に引きこもうと努力した。

国吉は杉本の話の中で、フジタの渡航をGHQの人間が後押ししていることを聞いて胃が締め付けられるような思いになった。

――私の行動はフジタへの裏切りだけでなく、反米行為になろうとしている。

そのあとは杉本が熱心に話すことをほとんど上の空で聞いている。フジタの協力要請について、「今は多忙で何もお手伝いできない」と、あまり説得力のない理由をしどろもどろで伝えて断った。

国吉は青ざめた顔で終始落ちつかない顔をしている。体調でも悪いのだろうかと杉本は思う。

ロスコレンコは面談の詳細を聞いて、杉本は国吉の仲間ではないとはっきりと結論した。

第十四章　作戦

クリスマスカード

日本の新聞各紙も、ケネディ画廊でのフジタ展を大成功と報道した。ロスコレンコが被った事件について記者はだれも知らない。知っているのはシャーマンとロスコレンコだけである。フジタの耳にも入っていない。

黒い影は、フジタ展の記事が載った新聞を握りつぶした。

黒い影はＣＩＥの将校に言った。

「もし、フジタを渡米の第一号の画家にしたら、どのようなことになるか考えていらっしゃいますね。日本の美術界はようやく私たちの手で混乱から抜け出ようとしています。しかし、もしフジタがアメリカに渡ったことを知ったら、国内の画家たちは憤慨するでしょう。ＧＨＱは軍国主義画家のリーダーを助けたということになり、ＧＨＱの文化政策に不信が広がり、あなたたちは今後とてもやりにくくなるのではないでしょうか」

シャーマンはマッカーサーの副官バンカー大佐に懇願する。

「お願いです。すぐにフジタの出国ビザを出してください。そうしないと、私が一年間努力してきたことが水泡に帰すばかりか、フジタは本当に死ぬかもしれません」

バンカーは暗い面持ちで首を横に振る。

「まだ、できない。猛反対している人間が一人いる。彼はいまＧＨＱの御意見番だ。彼を抑えることができるような手立てがほしい。フジタがアメリカに行く大義名分が必要だ」

シャーマンはバンカーの前で、顔を露骨に両手で覆った。バンカーは冷ややかに顔をしかめる。

「それはそうと、夫人に頼まれていたことを忘れていた。なんでもフジタにクリスマスカードを作ってくれないかという無遠慮な頼みなんだが。いかにもＧＨＱの威光を笠に着たような依頼なので、どう断ろうか考えていたところだ」

「夫人とは、マッカーサー夫人（ジーン・マッカーサー）ですか」

「もちろんそうだ」

一筋の光明が差した！　シャーマンは小躍りしたくなった。

「やらせていただきます。本人が嫌がろうと、何を言おうと必ずやらせてみせます」

シャーマンは、ポストカード制作の依頼をまず正攻法でフジタに伝えた。案の定、フジタはシャーマンを軽蔑した目で見返す。

「ぼくに茶坊主をやれというのか」

シャーマンはフジタに会う前に、さんざん自分に言い聞かせている。今日こそ、私がフジタに勝つ番だ。どうやったらフジタの闘志が燃えるか分かり始めていたシャーマンは、導火線に火をつける。

「フジタはやらない、ときっぱり伝えましたよ。ただ、夫人はあなたのことで屈辱を受けたもんですから。とりあえずはお伝えだけはしようと思って」

「屈辱?」

「夫人はあなたの大ファンなんです。ところがある時、それを知らなかった女があなたのデッサンをけなしたらしい。『マチスの真似じゃないの?』と。夫人は言い返そうとしたけど、その場はぐっとこらえたようです。それで、夫人は考えた。あなたにクリスマスカードを描いてもらい、それを送って技のほどを見せつければ、彼女もぎゃふんと言うだろうと」

フジタの目がきらりと輝く。

「君のつくり話だとしても、面白そうだな」

四日後、シャーマンがフジタのアトリエを訪ねると、作品はすでにでき上がっている。

会心の作品ができ上がると、いつも頬のあたりに浮かんでくる、悪戯っ児の笑いジワがある。

フジタはゆっくりとハトロン紙を開いた。

シャーマンは息を飲んだ。

一枚は、ヨゼフとマリアそして二頭の牛が幼児を見下ろすキリスト生誕の場面。マリアは十二単衣、ヨゼフは文官束帯という平安時代の装束だ。

このアイディアは何ともフジタらしい。

もう一枚はマリアが異国の服装をした三人の男に幼児を見せている、いわゆる東方三博士《マギ》の礼拝の図だ。

鉄線描

見たこともないフジタのデッサンだ。ペンで描いたのではない。鋭利な刃物で刻んだような細く強い線が、人体、服の衣文を精確にとらえている。必要不可欠な線だけを選び抜いて、肉体の動きと空間を描出している。

作品の横に大きなすずりと、細く長い穂先の筆が置いてある。

「これで描いたんですか」

「そう。このために僕が作った筆だ。東洋の鉄線描《てっせんびょう》という技法だけど、これはマチスでもできないだろうな」

「鉄線描。法隆寺の金堂壁画や鎌倉時代の仏画でつかわれている技法ですか？　画集でしか見たことがありませんが」

「筆は力の入れ方しだいで細くなったり太くなったりする。ところが鉄線描では、起筆から収筆まで同じ細さ同じ強さの線で描かなければならない」

「そんなことができるんですか」

「まず呼吸法を学ばなければならない。息をゆっくりと吐き、汐が満ちはじめるのに乗じるように、筆を紙にのせて吸気が終わるまでに線を収めるんだ」

シャーマンは大きくため息をして。

「これを銅板に刻んでもらおうと思う」

「銅版画にするんですか？」

「そう。この線を銅版に引けるのは、君のところにいる紙幣印刷の職人しかいない。頼んでもらえないか？」

シャーマンのオフィスがある凸版印刷では、この当時、一円札や百円札の紙幣を刷っていた。その原版を制作する技術者に頼みたいと言うのである。

フジタは自分で銅版画を彫れる技術を持っている。しかし、この作品では絵師（原画制作者）と彫師という分業でいこうという趣向を考えている。

浮世を念頭にしたジャパニーズ・スタイルということか、とシャーマンは感心する。作品の銅板原版には、フジタのサインだけでなく、彫師のタイトルも入れることになった。

キュビスムの講師

印刷が終わりマッカーサー夫人に作品が収められてから数日後、シャーマンはバンカー大佐に呼ばれた。

「さすが見事な出来栄えだった。夫人はクリスマスプレゼントをもらった子どものようになって大はしゃぎだった。それはいいんだが、もう一つ頼みが来てしまった」

「さあ、なんでしょう」

シャーマンは眉間にしわを寄せてみせたが、大物が針の餌をつつくのを楽しむ釣り師の気分である。

「GHQのエデュケーショナル・センターで、フジタに美術講師をやってもらえないかという頼みが来ているんだが」

「何と言うかわかりませんが、いちおうは頼んではみましょう」

エデュケーショナル・センターの百人収容の講義室は、立ち見も出るほどの盛況だった。聴講者はほとんど上級将校の夫人たちのようだ。

演題は「キュビスム（立体主義）」について。フジタは一九一〇年代初頭の巴里でキュビスム風の絵に手を染めたことがあるが、それを知る人はわずかだ。意表をつく演題だった。

「私はパリに留学してすぐにピカソのアトリエに行きました。そこでキュビスム絵画の仕掛けを全部目撃しました。

キュビスムとは何かご説明しましょう。ここにボール紙の箱があります。皆さんには正面と側面と上部が見えていますね。でも底とこちら側の二つの側面は見えません。それをどうしても絵に描きたくなったらどうしますか」

会場はしんとなってフジタの話に引き寄せられている。

とたん、ボール箱はフジタの手の先からぱらりと解体し展開図になった。

「これが手品の仕掛けです。裏も表も描いた絵をピカソはどうやって描いたのか。答えはもうお分かりですね。ばらばらにするのです。私は、彼のアトリエでバイオリンを鋸でぎこぎこ切っているところをこの目で見ていますから間違いありません」

会場は歓声と拍手に湧く。

しばらく会場を見渡していたフジタは、騒ぎを手で制した。

「でもこんな子どもだましはもう通用しないと、私は思いました。もともと東洋の絵は三次元なんて相手にしないのです。たとえばです、ご主人の今日の気分を知る時に正面から顔色と目つきを観察すれば充分です。後頭部をのぞきこんだりしないでしょ」

フジタが顔を後ろに回すと、会場は爆笑に包まれた。

「私は東洋の画家です。正面をちゃんと描くことができれば、宇宙のすべてを表現することができると思っています。正面をちゃんと描くためには、グラデーションでごまかすのではなく、線の力を学ばなければなりません」


終演後、マッカーサー夫人が握手を求めてきた。

「すばらしい講演でした。また、ぜひお願いしたいのですが」

「さあ、どうでしょう。こんな話を続けていると、東洋優位の国粋主義者と言われるんじゃないですか」

「あなたからクリスマスの絵をいただいて、私たちこそもっと東洋のことを知らないといけないと思いました。あなたのお話は世界中の人に伝える必要がありますよ」

「私は画家ですから」

「そう、絵でね」

「皆様が本当にそう思ってくれればいいのですが」

「大丈夫ですよ。必ずそう思うようになります」

夫人はフジタの手をもう一度強く握った。

三つの条件

フジタの渡米を実現するためには、ただビザがあればいいというわけではない。クリアしなければならない三つの条件がある。シャーマンがバンカー大佐からはっきりと釘を刺されたことである。

フジタを受け入れるしかるべき組織か団体がアメリカにあること。

渡米後、定期的な収入が保証されていること。

しかるべき資産を持ったアメリカ人の保証人がいること。

ハードルを超えるために、いよいよ現地のロスコレンコとヘンリー杉本にフルに活躍してもらわなければならない。

フジタは美術教師としてすぐれた技量を持っている。もし、どこかの美術学校の教職につくことができれば、条件の一番目と二番目は解決される。

ロスコレンコと杉本は、シャーマンの熱意に打たれ、ニューヨーク中の美術学校を回ってでも受け入れ先を見つけようと決心した。

だが、事は簡単ではなかった。多くの学校で書類審査ののちに、採用不可の通知が送られてきた。

　そのなかでも一校、ニュースクールはようやく内定をとり、年俸を打診されるところまでこぎつけた。ところが、契約書と思って開封した封筒に、「急に事情で採用ができなくなった」という学部長じきじきのお詫びの手紙が同封されていた。

　何かが起こっている。

　フジタの教職探しは、すでにニューヨーク中の画家に知れ渡ってしまったに違いない。あの二人の画家も例外であるはずがない。ロスコレンコと杉本の動きにしっかりと目を光らせているはずだ。

　シャーマンは唇をかみしめる。

第十五章　京都遊興三昧

マスコミの緊張

ニューヨーク・ケネディ画廊の個展のことが報じられた頃から、マスコミはにわかにフジタの動向に注目するようになる。

展覧会は妨害によって味噌をつけられたが、それを知らない日本の新聞各紙には「成功」という文字が躍った。

記者たちの推測はそこからふくらんだ。絵の売上は、フジタの渡航資金に間違いない。とすると、フジタの行き先はフランスではなくアメリカなのか。

朝日、毎日、読売の各紙と共同通信は、フジタ専従の記者を立てて、スクープ記事を取ろうと血眼になり始める。

一九四八年が明けても、フジタ側に、どこにいつ渡航できるのかという明確な見通しはついていない。

しかし記者たちは、フジタが明日にでも日本を発つのではないかと、動きをマークしている。どこかの記者が毎日のようにフジタ宅の門のブザーを押す。

「君代　悲嘆の日」

対応するのはほとんど君代だった。記者たちには善意も悪意もなかったが、責め立てられて弁解する身にとっては、まるで悪事を隠しているような気分に追いつめられていく。

渡米の準備のために、君代は米人の家庭教師を雇って英語を習い始めるが、いっこうに進歩しない。

フジタは「アメリカ、アメリカ」と言い出すがいつのことになるのか見通しもたたない。突然訪問してくるGHQの将校たちは、占領軍風を吹かせて傲慢な要求をしてくる。

そんなストレスがたまり続けると、君代は食事の途中に突然、「アメリカなんか絶対に行かない」とわめきだした。

一九四八年の春頃から、フジタの日記には、君代がヒステリー（解離性障害）の発作を起こした記述が繰り返される。

「君代　悲嘆の日」と短く記すこともあれば、「君代朝からうるさく一々不服らしく食卓を押してかんしゃく　皿どびん等こわす」というように、詳細を書くこともあった。

このころ、フジタ宅に書生として住み込んでいた今井満州彦（画名・ロジン）は、君代が一晩中大声で叫び通し、フジタが寝室から逃げ出すこともよくあったと、記録に書いた。

シャーマンにとって、これが新たな一つの心配の種になっている。

四面楚歌の現状にありながら、フジタはシャーマンとの会話で、悲嘆も悲観も口にすることがない。それはフジタの心の広さだとシャーマンは思おうとする。

だが、フジタの頭髪はすっかり白色に染まり、顔色は色つやを失いはじめている。うつむいて考えこむ時間も多くなった。

パリと東京で二つの世界大戦を生き抜いた老兵士が、目に見えない四方の壁をどうやって突破したらいいのか、考えあぐねているようにも見える。

ジャン・コクトーの道

梅雨の終わりの雨がアトリエの窓を叩いている。

フジタは一九三六年にフランスの詩人・ジャン・コクトー（一八八九～一九六三年）を連れて京都を旅した話をしていたが、何を思い出したのか話がとぎれ、また疲れたような目をしてうつむく。

シャーマンは思わず膝を叩いた。

「そうだ、京都へ行きましょう。凸版印刷のクラブハウスが嵐山というところにあって、山田社長がぜひ使ってくれと言っていました」

京都旅行は、思いつきの気晴らしで、何の計画もなかったが、二人の比類ないクリエイティブなアーティストが同道するとこれほど面白いものになるのか、という旅になった。

一九四八年の七月から十月の四ヶ月の間、シャーマンとフジタは片道八時間の京都旅行を三回した。

そして、それがフジタの日本での最後の旅になった。

のべひと月近くになる旅の間、フジタは油彩画を一度も描かなかったかわりに、意表をつく芸のたしなみを次々と披露することになる。シャーマンにとっては師匠から直々に日本文化の真髄を学ぶ機会となる。

第一回の旅では、シャーマンの要望でジャン・コクトーが歩いたコースをたどった。フジタは道々、アトリエで話がとぎれていたコクトーとの旅の思い出を楽しそうに語り続けた。

太秦の東映撮影所で、長谷川一夫と山田五十鈴の呼び出しを願う。シャーマンはまさか大スターが、連絡もなしに現れるとは思いもしない。

「先生、お久しぶり」という声で振り向いてみれば、二人の大御所が撮影衣装のままで現れて、シャーマンは度肝を抜かれる。

途上、嵯峨で陶芸工房を見つけたフジタは、主人に頼んで絵付けをさせてもらう。茶碗や皿など、陶工が成形した器の上で、釉彩をたっぷり含んだ筆は自由に軽やかに遊んでいる。画家も時にはキャンバスから解放される時間が必要だとシャーマンは思う。

その後のいずれの京都旅行でも、祇園や清水五条坂など、陶芸工房には必ず立ち寄り、絵付けだけでなく成形にも没頭することになる。

でき上がった器は角倉《すみのくら》邸に運ばれて、料理が盛られ花が活けられた。

短期間に京都行きが三回も集中した主たる理由は陶芸制作だった。それだけ作品の需要があったということである。

蘇った「ボヘミアンの王様」

クラブハウスの隣には、京都の名家・角倉家の邸宅があった。フジタが在京しているという情報は、京の文化人、名士の間にいつの間にか伝わり、夕方ともなれば三々五々と人が集まり、座敷はいっぱいになる。

人が集まれば、余興の天才フジタの出番である。

ある夜は素人歌舞伎をやろうということになる。

思い思いの仮装をして、にわか仕立ての台本もでき上がり、即興の劇がはじまる。ストーリーなど初めからあって無きがごとし。終盤、異様な化粧をした老武士が現れて、大げさな見得を切って切腹となる。フジタの奇抜な大団円に、やんやの拍手が鳴り止まない。

フジタがその主役のひとりだった、一九二〇年代パリの「狂乱の時代」がもう一度蘇っている。シャーマンはようやくホンモノの「ボヘミアンの王様」を目の前にすることができた。

ある晩は、フジタ自らが包丁を握ると言い出す。シャーマンに琵琶湖へ行って、ありたけの鮮魚を買い占めて来てくれと命じる。

シャーマンは合点承知とジープを走らせる。漁師から山のように魚を仕入れてくると、フジタは次々に鮮やかな手つきでさばいては大鍋に放り込んでいく。

いい匂いが漂い始めたと思えば、座敷で待ちかねた来客たちの真ん中にフジタの手ずからブイヤベースの大鍋が運ばれてくる。

月明かり

君代が同行したのは二回目の旅だった。

しかし、君代は見知らぬ人たちが寄り合う連日の馬鹿騒ぎにひとり馴染めなかった。ある夜、宴たけなわの大騒ぎの中で、シャーマンは君代の顔が見当たらないことに気がつく。

京都・太秦の撮影所にて

清水坂の陶芸工房で絵付けをするフジタ（撮影：フランク・シャーマン）

フジタに伝えると、

「どこかにいるよ、君探してきてくれ」

シャーマンは酔客をかき分けて探したがどこにもいない。女中に聞いても出かけた形跡はない。二階で休んでいるのだろうか。

ゆっくりと階段を上り、障子の前に顔を出して、明かりのない座敷を見回してみる。

シャーマンははっと息を飲んで、そのまま見た光景に陶然となった。

君代は桂川に面した窓に腕をのせ半身をもたせて、遠い景色を眺めている。ほどいた黒髪と瓜ざねの額を月明かりが青く染めている。唇は小さな声で聞き取れない歌を口ずさみ、切れ長の目はおびえた子どものようにまたたいている。

そのかすかな青い炎がシャーマンの心に灯を灯し、同時に小さな不安がきざす。

フジタに彼女を守り切ることが本当にできるのだろうか。

フジタは、自分がどのような状況にあるか、一時的にせよ忘れきることができる人間であったが、君代はけしてそうなることはできない。

シャーマンの計画を実現するために、まだ乗り越えなければならない山はいくつもあった。

東京の記者たちの間に、フジタが京都へ行って、京の名士たちと連日飲めや歌えの大騒ぎをしているという噂が流れる。彼らにはそれを確かめに行くだけの取材費はない。

角倉邸の即興劇で芝居をするフジタ（撮影：フランク・シャーマン）

京都・角倉邸にて。右端は日本画家・堂本印象（撮影：フランク・シャーマン）

フジタはフランスへ行けなくなったウサを晴らしているんだろう。渡航計画は当分延期になるだろう。とりあえずそう解釈して納得するしかなかった。

シャーマンが、大石内蔵助の祇園豪遊の逸話を知っていたかどうかはわからないが、浪曲好きのフジタは頭の片隅で内蔵助をきどって遊んでいたことは間違いない。

いずれにしてもフジタにとって、のべ一ヶ月間の京都旅行は、濃密な日本文化に体ごと思う存分浸れた最後の時間になった。

荻須の渡仏

一九二〇年代のパリで、金魚の尾のようにフジタを慕った後輩画家・荻須高徳（一九〇一～一九八六年）が、十月十一日、オランダ船に乗ってフランスへ旅立った。横浜港で見送ったフジタはいつにない厳しい表情で海の彼方を見つめている。

荻須の出港日を四日前に新聞で知った夜、「とうとう先鞭つけてぬけめなくやった」と日記に書いた。フジタの家を訪れた岡田謙三や中村研一は、地団駄踏んでくやしがった。

フジタの心境は複雑だ。これで前例ができた。突破口が開けたとも言える。

だが、世間の目はいっきょにフジタに向けられるだろう。次はフジタだ、と。

もはや戦犯問題は消えたにせよ、社会は飢えにあえいでいる。大陸に囚われた兵士が何万人もまだ帰ってこない。フジタの日本出国を敵前逃亡と見る世論がどこから沸き起こるかわからない。

でも、どんなことを言われようと、画家フジタ・ツグハルとして生き延びなければならない。

第十六章　光明

壁のクリスマスカード

日本側のだれかによって妨害があったにせよ、フランスへの入国許可が延々と先送りにされたのは、行政組織が最終責任を回避しようとしたことに起因する。今までにない事案に直面したとき、法律的に問題がないことがわかっていても、書類の準備にも問題ないことが明らかであっても、ほとんどの行政マンは先例を作ることからなんとか逃げようとする。

しかも、ＧＨＱが万全だと太鼓判を押すのをのらりくらりと待ち続けている。これではいつまでたっても進展しようはない。

ＧＨＱという行政組織も、自ら火中の栗を拾いたくないという意識は同じことだった。

フジタははじめから突破不可能な問題に直面していた。渡航手続きはいつやってくるともわからない永遠の未来へと先送りされようとしている。

ダグラス・マッカーサーはネクタイをゆるめながら、寝室の壁に飾られた二枚の銅版画に目を留める。

「今年うちで出すクリスマスカードなの。あまりにも美しいので飾ってみたわ」

詰め襟のジャケットをクローゼットにしまいながら、ジーン夫人はフジタという日本の画家が描いたものだと説明する。

「フジタ？　あのエコール・ド・パリの？　彼は空襲で死んだと聞いたが」

「何を言っているのですか。彼には先日エディケーショナル・センターで講演をしてもらったところよ。菓子箱を壊してキュビスムのことを説明してくれたわ。ピカソもこてんぱんにされて大喝采だった」

マッカーサーは何のことか分からず、けげんな顔で絵に見入ると、突然吹き出した。マリア様が十二単を着ている。

「キモノ衣装のキリスト誕生か。こいつは奮っている」

アメリカの国益

バンカー大佐は、日本人の有名画家からアメリカへの渡航申請が出ていることについてどのように決裁するかマッカーサーに尋ねた。

連合国軍最高司令官が、自分の権限でフジタの渡米を許諾することはいとも簡単なことだった。しかし、彼にはそれをするつもりはない。マッカーサーの政策には特例という文字はない。彼はそういう信条の持ち主だった。

「彼が戦犯でないことが明らかになっているのなら、何が問題なのだ」

「許可すれば日本の画家たちが騒ぐでしょう」

「君はそんなネズミの巣の中の騒ぎと、アメリカの国益とどちらが大切だと思う?」

「アメリカの国益?」

「フジタのことは詳しいわけではないが、あれほどのウイットとエスプリを持つ日本人は見たことがない。吉田茂を除いてね。日本がいらないのなら我が国が引き受けてもいいのじゃないか」

「しかし……」

「君の話を聞いていると、マイスター・フジタは頭を下げて我が国に来たいと言っている。もったいない話だ。それを許可するとかしないとか。筋が通るとか通らないとか。そもそもそういう話にかかずらわせるのはフジタに失礼ではないのか」

「と言うと」

「アメリカ合衆国が、世界的な画家フジタを招待すればいいいじゃないか」

「なるほど」

バンカーは手のひらで額を叩いた。四苦八苦していた高等数学の問題を小学生の算数で解かれたような思いがした。

アメリカ合衆国がフジタを招待しようということになったら、こまごまとした行政手続きも、先例を作るかどうかという渡航事務官の迷いも、いっきょに解決する。

マッカーサーのアイディアはそういうことだった。

ブルックリン美術学校

植物園の柵の前で立ち止まると、ロスコレンコと杉本は白い吐息で手を温めた。常緑樹の茂みの向こうにギリシャ風のファサードが張り出た大きな石造建築が見える。ブルックリン美術館だ。付属の美術専門学校がある。

「ここが終わったら、熱いお茶で一息入れよう」

早朝から回ってここが七軒目。まだ収穫はひとつもない。杉本はくやしそうに唇を噛んでうなずいた。

アポイントなしの訪問だったが、運良く在室していた指導部長のオーガスタ・ベックは快く面会に応じてくれた。

「フジタのことならよく知っています。二十年前にパリでだいぶお世話になりましたから。お元気ですか?」

「ええ。来年ニューヨークに来たいと言っています。それで相談があるのですが」

ロスコレンコと杉本は、まだ日本からの渡航条件は厳しく、長期滞在には就業が必要なこと。彼にできることと言えば、絵を教えることしかないこと。

今日同じ話をするのは七度目になるが、気合を入れて真剣に語り続けた。

「まさか。フジタがうちの学校で教えるなんて」

ベックは首を振りため息をつく。

二人は今日も収穫がなかったと、背中から力が抜けた。

「幸運?」

「ほんとにそんな幸運をいただいていいのですか?」

「もちろんです。私にできることなら何でもさせていただきたい。ちょうど来年一月からの専門コースで教師の欠員ができてしまい、どうしようかと考えていたところでした」

それからしばらく三人はフジタの思い出で話が盛り上がる。

「とりあえず契約書を作らせていただきます。それを読んでいただいてお返事をください」

石段を降りて通りに出ると、二人は疲れがすっかり抜けている。どこかで祝杯を挙げようと、パブを探した。

クリスマスプレゼント

十二月の初旬、ブリーフケースをしっかり抱えたシャーマンは、真紅の蔦がからまるフジタの家の門扉を押した。

二人は大きな木製のテーブルでモーニングコーヒーを飲んでいるところだった。

「こんな早くからどうしたんだい」

君代は来客用のカップを取りに行こうとした。

「ちょっと待って。まあ、お座りください。少し早いですが、クリスマスプレゼントがあります」

フジタの目が大きくなる。薪ストーブの木が小さくはぜた。

シャーマンは二人の顔をゆっくりと見回したあと、ブリーフケースから何通かの書類を取り出す。

「これは、ブルックリン美術学校の指導部長のオーガスタ・ベックからの契約書です。それから、これがハリー・マヌエルスタイン氏の身元保証書と預金証明書です」

「七万六千ドル！　マヌエルスタインってだれ？」

紙を開いて目をむいた君代が聞く。

「ヘンリー杉本のコレクターで、ニューヨークのお金持ちです。お二人の住むところもこれから探してくれるはずです」

　フジタは椅子から躍り上がろうとする。

「待って。まだあります。どうぞ」

　差し出した最後の紙片を手に取ってフジタは恐る恐る開いてみる。すぐに顔を天井に向けてあふれる感情をこらえている。

　君代が「どうしたの？」と聞くのにも答えず、フジタは立ち上がると、シャーマンに駆け寄り、両腕で抱擁した。

　フジタの手が握りしめているのは、ワシントンD.C.から届いたアメリカ合衆国の招待状だった。

第十七章　フジタを探せ

隠れ家

毎日新聞社学芸部の美術担当記者・船戸洪吉は、『画壇』という著書で、日本美術会会長・内田巌が戦犯問題追及のためにフジタ邸を訪れた事件や、フジタ渡米までの逃走劇をルポルタージュにしたことで知られる。

一九四八年の年末から翌春にかけて、フジタが忽然と姿を消し、新聞各社が異常に色めきたった様子も描いている。

前年九月にニューヨーク・ケネディ画廊で開かれたフジタの個展を、〝大成功〟と報じたあと、各紙の記者はフジタの離日が近いことを予測した。デスクはフジタに番記者を立て、カメラマンも組ませた。

フジタはA級の著名人だった。

だがそれだけではない。フジタの離日で何かが起きることを予感したのかもしれない。

十二月。二人は最後の準備を進めている。

フジタは、秩父宮妃殿下の肖像デッサンをシャーマンに託して贈り、別れを告げた。

君代は、茨城県磯浜の実家に二泊三日で帰省して暇乞いをした。

売れる小品や素描は画商に売却され、家財道具は知り合いに譲ったり、引き受け手のないものは廃棄された。京都で作った陶器の代金が関西から送金されてくると、銀座の宝石商から宝飾類を買い漁った。

旅券はまだ手元になかったが、あと二ヶ月と見通しを立てている。


庭の楓がほとんど葉を落としたある日、シャーマンがコートの襟を立てながらやってくる。

「いちおういい隠れ家が見つかりました」

「それはありがたい」

「でも、もう隠れる必要はないんじゃないですか?」

「どうして」

「だってあなたはアメリカの賓客ですよ」

「ありがたいことだ。でも、そのことはだれにも言わないつもりだ。本当にどうしようもない邪魔が入ったときの保険にとっておこうと思う」

「ではどうして隠れ家が?」

「日本での最後の日々は隠れんぼをして遊ぼうと思っているのさ」

シャーマンはあと一歩というときに遊んでいる場合なのかと思ったが、フジタの遊びというのは、いつもただの遊びじゃないことも知っている。

シャーマンが見つけた隠れ家は、飯田橋のホテル・アンバサダーだった。もと大松閣という旅館だが、米軍が接収して名前を変えた。軍関係者の利用が多いこともあり、日本人には敷居が高い。

フジタと君代が小竹町の住まいを引き払い、ここに投宿したのは十二月二十日。二人で一泊二食付き、三千四百円である。

フジタは日記に書いた。

「アメリカに渡ったようだ。すべて西洋だ」。

この日をもって、フジタの気持ちは離日している。

もぬけの殻

その数日後、船戸は小竹町のフジタ宅を訪れた。門のブザーを押しても返答がない。船戸は庭を小走りに渡り、玄関の戸を開く。大声で奥に声をかけると、留守番の男がのっそり現れた。ほこりの臭いが鼻をつく。

男は、「先生はここにはおりません。どこに行ったかも聞いておりません」と答えるばかり。船戸は語調を荒らげていろいろ質問を変えてみたが、すべて答えは同じだった。

フジタ宅がもぬけの殻になった話は、他の新聞社にもすぐに伝わる。

どこかの画家の家にいるのだろう。

また京都に旅行しているのではないか？

貨物船に隠れてもう出港してしまったのさ。

フジタに縁故のある画家の家を、各社の車が走り回った。どんな小さな噂でも、かき集めようとしている。

だがすべての記者の努力は徒労に終わる。

「フジタが消えた！」

この見出しは、「フジタが渡航」よりもはるかに読者の好奇心をそそり、フジタの捜索はエスカレートしていく。

二月初旬のある夜、外回りから帰った船戸が番茶をすすろうと給湯室に行くと、煙草を吸っていた経済部の老記者に呼び止められた。

「夕方、飯田橋に行ったとき、大松閣から日本人がぞろぞろ出てきた。近藤浩一郎と和田三造とかの顔が見えたんだけど、彼ら、お前が探しているフジタの同期じゃなかったっけ、美校（東京美術学校）の。大松閣は今、接収されて進駐軍のホテルになってんだろ。なんで日本人がいるんだろうね」

船戸の顔が変わり、礼も言わず、また外套を引っつかんだ。


アンバサダーホテルのフロントマネージャーは、表情を変えず首を振った。

「フジタ様もお泊りになっていませんし、おっしゃる風貌の日本人の方もいらっしゃいません」

「それじゃ、今日の午後、日本人五、六人の集まりはなかったかい」

「そういうお客様も見えていません」

これでマネージャーが嘘を言っていることが明らかになった。フジタの回りに厳重な箝口令が敷かれているな。ターゲットは間違いなくここにいる。だが、ホテルの中にはこれ以上一歩も踏み込むことはできない。

会見

船戸は翌朝暗いうちにまた出直した。ホテルと道路を隔てた歩道で、柳の木に隠れている。足元に吸い殻の山ができて、腰のあたりに朝日が差してきた頃、大型のセダンが玄関前に停まる。

運転席のドアが開くとスーツを着たアメリカ人が降り立ち、足早に玄関を上がっていく。シャーマン！　フランク・シャーマンだ。

十五分ほどすると、シャーマンは、ベージュのソフト帽を目深にかぶった日本人とスカーフで顔を覆った女性を連れて出てきた。二人はセダンに乗り込み、車はすぐに発進した。

心臓が跳ね上がった。ついに見つけた。

行き先は分かっている。

いったん社にもどり、待機していた社用車に乗る。上司の高原とカメラマンがすでに乗っていた。

凸版印刷は広大な敷地だったが、シャーマンの部屋がどこにあるかはよく知っている。一度、ジャズ演奏の軽食パーティに招かれたことがある。錚々たる名士が部屋にあふれ、勝手きままに飲み食いをしていた。ドア一つ外の東京とあまりにも違う世界がいきなり襲ってきて、めまいがしそうになったのを覚えている。

ノックをすると英語で返事がある。何と言ったかわからない。かまわずドアを引き開けた。

三人はストーブの前に椅子を寄せて、温かい飲み物でくつろいでいるところだった。

フジタは一瞬目を丸くしたが、あきれたように顔をそむける。君代は目を閉じてむくれている。

遠慮無く部屋に入ろうとすると、シャーマンが立ち上がってこちらに走ってくる。

「ノー」

シャーマンは無礼がないように配慮しながら、船戸たちをドアの外に押し戻す。シャーマンの後ろでドアが閉まる。

「ようやく見つけましたね」

シャーマンは微笑んでいる。

「あなたが一番です。でも今日はだめです。あさっての二十二日、フジタは宮内省に行きます。そのあとお話ししましょう」

早口の英語で伝えると、ドアを開けて中へもどっていった。

船戸たちはあっけにとられたが、とりあえず退散するしかない。


二月二十二日の午後、宮内省クラブの前で一時間以上待たせられた船戸は、二階からレジオン・ドヌール勲章とレオポルド章を燕尾服に付けたフジタを見つける。日本芸術院会員の洋画家たちを天皇が慰労する昼食会が終わったところだ。

シャーマンの合図でフジタはおとなしく船戸に従った。

フジタとシャーマンを乗せた社用車が本社に着くと、船戸は二人を貴賓室に案内する。インタビューは二十分と約束されていた。

「やっとやるべきことを終え、晴れ晴れとした気持ちです」

現在の心境を聞かれフジタがまず答えた言葉だ。天皇に謁見し、心の中で辞去を告げることができたという意味に、船戸はのちに解釈する。

聞かれるべき項目があらかじめ伝えられていたかのように、どこへ行くのか、目的は何か、フランスはどうするのかということをフジタは限られた時間の間、一方的に語ってしまう。口を濁したのは日取りを聞かれたときだけだった。

語り終えると茶菓には手をつけず、フジタは立ち上がった。

時間が過ぎたが、船戸には聞こうと思ったことの何倍もの質問が湧きだしている。しかしフジタは、それ以上の質問は一つも受け付けなかった。

彼らが部屋から去ったあと、窓から見下ろしていると、シャーマンの車はすべるように西へ走り去っていく。

羽田

船戸は、フジタの離日を他社にさきがけて教えてもらえるかもしれないと、密かに期待していた。だがそうはならなかった。

各新聞社のフジタ番記者に連絡があったのは、三月十日昼前のほぼ同時間である。

羽田十九時発パンアメリカン航空ホノルル行き。

出発前に開かれることになった記者会見に、新聞社など十社前後のメディアが集まっている。

「これだけ集まっているのに、フジタは共同通信社がまだ到着していないことをしきりに気にしている」と船戸は顔見知りの記者から耳打ちされる。

記者はさらに、「共同は全国的な通信社だからね」とひとりごとのように言う。

船戸はそのひとことでやっとすべてを悟った、と思った。

「ちくしょう。それじゃあ、今までフジタが隠れていたのも、今日の芝居を効果的に盛り上げるための演出だったのか」

記者会見でフジタは、

「絵描きは絵だけを描いてください。

仲間喧嘩はしないでください。

日本の画壇は早く世界的水準になってください」と、しゃがれた声で語った。

大勢の報道関係者は、とうとうフジタ節が一席ぶたれるのではないかと考えていた。万感の思いがあふれて言葉につまったのか、冗舌なフジタにしてはあまりにも簡潔なスピーチである。聴衆は肩透かしにあったような気分である。

だが、短い言葉はさまざまなメディアに乗り、のちのちまでフジタの日本への訣別の辞として語りつがれることになる。

「絵だけ描け。喧嘩をするな。世界水準になれ」

二年前、画家の岩崎鐸が自分の絵を抱えて、フジタ宅を訪問して絵を見てもらった折、語り聞かされた言葉と同じだった。「腕一本」で世界を歩きあらゆることを見聞したフジタが、つかまえて離さなかった三つのフレーズだったのである。

その後の日本の美術界は、フジタの言葉をどう受け止めようとしたのか。乗り越えることができたのか。

耳をふさぎ、やがて自分たちとは無縁のものとして忘却した。それが答えである。

隠れんぼの理由

シャーマンもフジタと同じように新聞記者があまり好きではなかった。だが、船戸には心を開き、取材に応じ、フジタの離日後も交際が続いた。

フジタが海の彼方に去ってだいぶのちに、二人はフジタの「隠れんぼ」の話を時々するようになる。

船戸は、「あの記者会見は狐と狸の化かし合いだ。おやじさん（フジタ）はまんまと記者たちをたばかって一席ぶとうとしたのさ。巨匠が今世界に羽ばたくのだと」

シャーマンは首を振る。

「確かにそういう形になったことは認めるよ。でもあれしか手がなかったんだ。フジタがみんなから目をくらませてコソコソとアメリカへ逃げるのではないということを伝えるためには。言い残したかったことは山のようにあった。それを最後にみんなにきちんと伝えたかったんだ」

「わかるよ、わかるよ。フジタがどれだけ日本を愛していたかってことは。でも残念ながら、伝えたいことの手応えは得られないまま夜空に消えてしまった」

シャーマンはうなずいて、グラスの液体を一息にあおった。


黒い影は言う。

「出国もひとつの結論だろう。胸のつかえはぜんぶ消えてくれた。いずれすぐに、彼はニューヨークにも新天地はなかったと思い知るだろう。その時、もうもどる場所はどこにもないこともわかるのさ」


羽田の会見でフジタが言葉少なく語ったこと、あるいは語らなかったことについて、深く思い巡らすことは、その後の美術界ではなかった。

渡米後二十年近くのちに、文芸評論家の保田與重郎は『日本の美術史』で、「大倭朝廷時代」から書き起こした日本美術史の最後に、現存画家（当時）のフジタを登場させている。この大著で、フジタの渡米事件について次のように論評している。

「今度の戦争のあとで、藤田嗣治画伯をフランスへ追いやったことは、わが画壇の一部にその責任があると風聞されているが、同時代人として、これほどみじめで恥ずかしい話はない。芸術家の陥りやすい弊害、そのゆえに最も警《いま》しむべき悪徳は、羨望嫉妬である。名声に対する複雑な欲望と、それに達成しようという浅はかなたくらみである」

フジタの離日を、本人ではなく日本の芸術家の責任だとする視点は、保田の言葉以外今日に至るまで見当たらない。

ましてや、一人の傑出した人間を心底怖れるとき、日本人はどのように立ち回り、その結果としてときにどのような悲劇が起こるかということについて、考察してみることはなかった。

黒い影

一九四九年三月十日、フジタは羽田でパンナム機のタラップに立った。

この日、「黒い影」は、藤田を排斥することに成功した日ともなる。

「黒い影」と書いたものの正体は、特定の個人や団体を指すものではない。

数人の実力者が、フジタを排斥することによって作り上げていった日本の美術界システムは、その後無数の「巨匠」や「人気作家」や「重鎮」を招き入れて巨大化した。

「黒い影」はやがて、世界の動向から目をそむけたガラパゴス的国内システムの市場を作ることに邁進する。

羽田出国の日、画家仲間たちとのお別れの会。アンバサダーホテルにて。右から、シャーマン、フジタ、君代

日本国内のマーケットでしか通用しない絵が、数千万円、数億円の値をつける。作品は出来不出来ではなく、画家の名の入ったタグで判別され、価格は絵の面積で決められていく。内容で評価されていない作品、投機だけのための収集、ブローカーだけの市場が、真のマーケットを維持することが不可能だということは分かりきっている。

藤田渡米から四十年後、バブル経済は崩壊し、美術市場は壊滅的な打撃を受ける。二十一世紀になると画壇を支えたカリスマは次々と姿を消していく。

単独で世界に乗り出した画家を除いて、日本の美術界は世界に通用する画家を輩出する力を失った。

そしていま、日本の画壇は再生する道さえ完全に見失おうとしている。

藤田は羽田から飛び立つ前に、「けんかはやめてください。国際水準になる絵を描いてください」と美術界に言葉を残した。

一九四九年の藤田の渡米は、戦後日本美術最大の事件だと言っても過言ではあるまい。

手紙

「一九四九年三月十三日　日曜日

空港へのバスに乗る。見送る岡田謙三（左）と川端実（右）

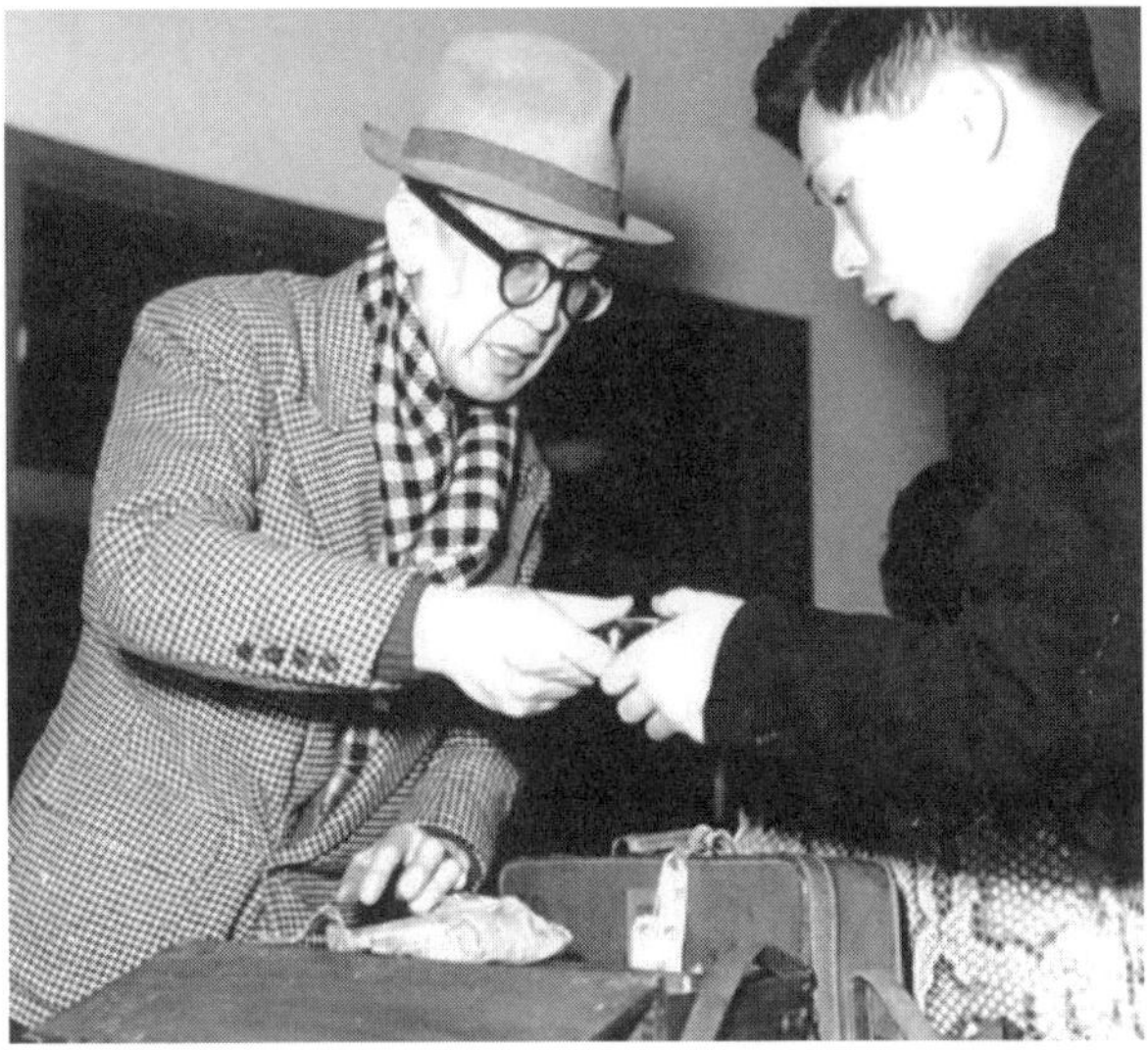
出国の荷物検査。羽田空港にて（撮影：フランク・シャーマン）（同上）

だれよりも親愛なるフランシス
私はあっという間にニューヨークっ児になった。想像を絶するような巨大で素晴らしい都市だ。

私は朝の七時三十分に空港でロスコレンコ氏、杉本氏に迎えられた。それから少し遅れて、小柄で可愛らしいメキシコ人の夫人を連れたマヌエルスタイン氏に会った。そのあと、西南通り一四〇番地に住んでいるヴェルデス氏のビルの隣にあるホテルに向かった。何もかも素晴らしいことばかりだ。

心の底から感謝したい。

君が私を救い、今では私の幸福がどんなものであるかを知っているたった一人の男だ。

道中はとても楽しく疲れることもなく、ずっと幸福感に満たされていた。

問題も手違いもなく、ホノルルでは、私が入国審査を通過した最初の日本人になった。政府から祝福され、妻に対しても特別扱いしてくれることを約束してくれた。

これから先、君の国に住むことができるんだね。楽しく、自由に、喜びに満たされて。神に感謝する。

女たちはすばらしい。最新の服を魅力的に着こなしている。

明日、手紙をまた書こうと思う。

愛をこめて。　fou.」

フジタはニューヨーク到着後、翌一九五〇年に渡仏するまでの十一ヶ月の間に、五〇通近くの書簡をシャーマンに送っている。そのうちの約半分が着彩されたイラスト入りの手紙で、現在、東京・目黒区美術館に所蔵され、ときおり公開されることがある。

残りは北海道伊達市の教育委員会に保管され、ほぼ未公開と言ってよく、フジタの研究者でも閲覧した人は少ない。

前掲の手紙はフジタがニューヨークに到着して書いたシャーマン宛の第一通で、伊達市に保管されているものである。

十数ヶ月の間に一人の人間に五〇通送るというのは、非常に筆まめのフジタにあっても、類例がない。

戦中戦後の日本での苦しい時代から、いきなり夢のような別世界に飛び込んだ心身の解放感は、フジタの長い人生の中でも他にない。

その幸福感を子どものようになってぶつける対象は、救済者フランク・シャーマンだった。自由に絵が描けるという画家の至上の喜び、豊かなニューヨークでの生活が、克明に語り尽くされている。

君代

フジタのニューヨーク到着後、同じように日々の様子と心情を書き送った相手はもう一人、君代がいる。

君代は三月十日に羽田をフジタとともに出立しなかった。

理由は出国手続きのミスだったと、フジタはずっと言い続けている。それを否定する証拠はどこにもない。

だが、彼女が残されたことに別の理由があったという証言もある。

渡米する前の約一年近く、フジタは君代の激しいヒステリーに苦しめられている。頭を抱え発作が治まるのをじっと待つ日が続いている。フジタが日記に「君代　悲嘆の日」と書いた日である。

フジタの渡米の前に、フジタ宅に書生として住み込んだ今井満州彦は、狂騒状態の君代をフジタが持てあましていることを伝えている。

ヒステリーの一因に渡米することを君代が恐れたという事実がある。

一方、フジタは海外渡航こそ、「悲嘆の日」から逃れるための方法だと考えている。

フジタの最初の妻、鴇田《ときた》とみは、フジタがパリに留学したとき日本に留まった。フジタはとみにぼう大な書簡を送ったが、ついに妻をパリに呼び寄せることなく離縁した。という前歴はぬぐいようがない。

ニューヨークから君代に送った書簡（すべてシャーマン気付になっている）は、熱烈なラブレターである。とみへの手紙も恋文であることに変わりはない。

フジタは手紙の中で、ひとり取り残されて不安な日を送る君代に、子どもをあやすような口調で「シャーマンに頼れ」ということを繰り返し書いている。

羽田空港からの帰りの車の中で、君代は泣き続けている。だれかが君代の肩を抱いてあげなくてはならない。シャーマンは衝動を抑えている。

君代のハンカチがびしょ濡れなのを見て、シャーマンは自分のハンカチを取り出す。アイロンをていねいに入れてたたまれている。

シャーマンは濡れたハンカチを取り上げ、自分のを差し出すと君代は受け取った。

君代がシャーマンの肩に頭をもたせてくる。彼はしばらくそのままにさせている。少し気持ちが治まると、君代は流れる外の景色をながめながらつぶやく。

「私ずっと日本にいようかしら」

シャーマンはやっとのことで君代に返事を返す。

「ノー、それはいけない」

思わぬ強い口調になったが、プライドの高い君代には張り手に等しい。

シャーマンは後悔した。

「フジタは一人では生きていけない。年老いた傷だらけの小鳥だ」

言い終わらないうちに、君代は体を起こすとシャーマンを鬼のような顔でにらみつけ、そのまま顔をそらした。

その日はひとこともシャーマンに口をきかなかった。

自宅にもどるとシャーマンは自分の気持ちを断ち切るために、フジタに手紙を出した。

「君代はすぐにでもアメリカに行きたいと言っています」


返す機会を失った君代のハンカチーフを、シャーマンは生涯捨てることができなかった。今でもそれは、伊達にあるシャーマンコレクションの奇妙な一アイテムとして保管されている。

シャーマンは君代の渡米手続きに奔走し、君代はフジタに遅れること二ヶ月にして、無事ニューヨークの地を踏むことができた。

シャーマンはボストンの紳士を貫いた。そして生涯独身を通した。

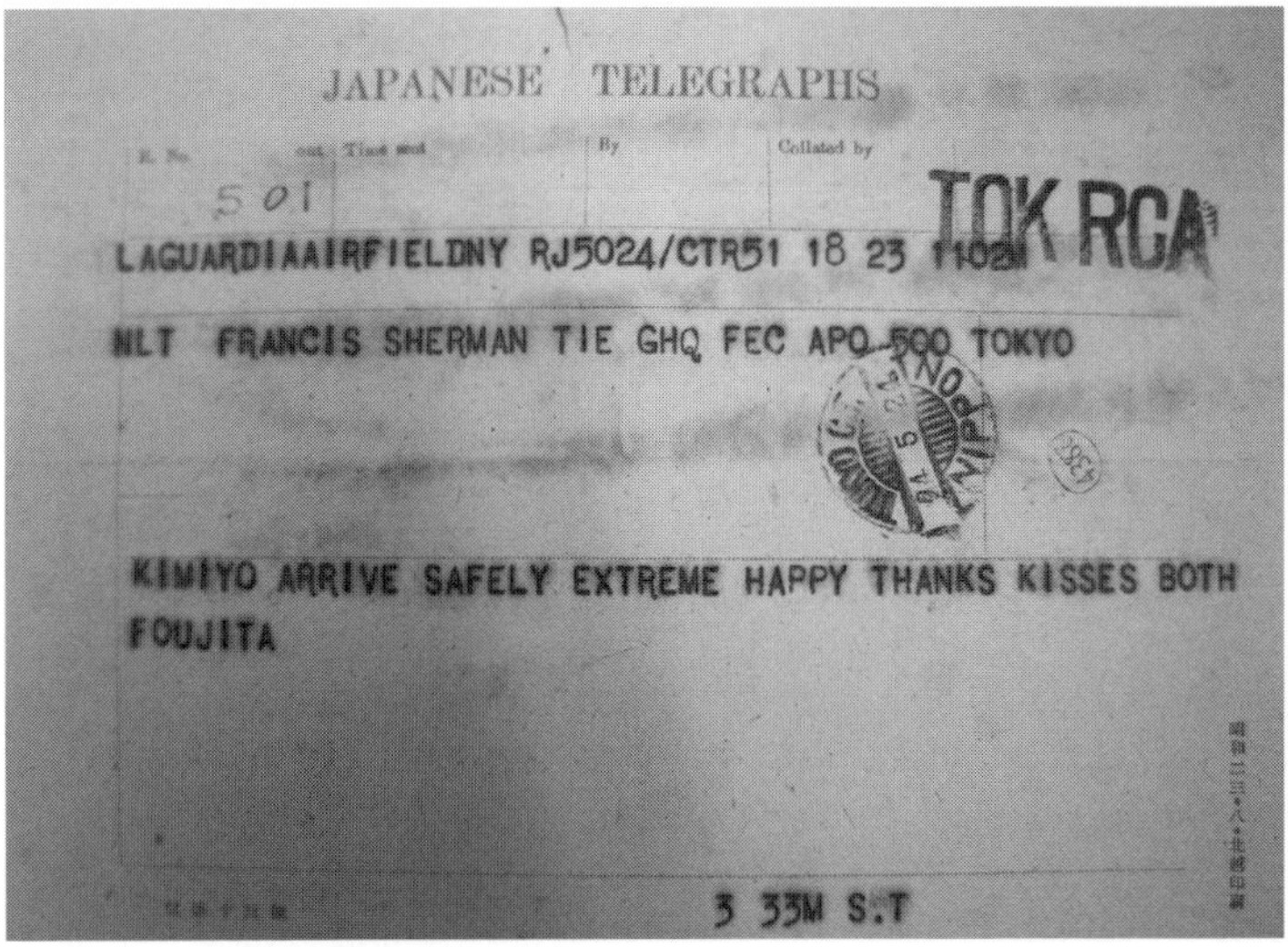
JAPANESE TELEGRAPHS

501

LAGUARDIAAIRFIELDNY RJ5024/CTR51 18 23 1102M

TOK RCA

NLT FRANCIS SHERMAN TIE GHQ FEC APO 500 TOKYO

KIMIYO ARRIVE SAFELY EXTREME HAPPY THANKS KISSES BOTH
FOUJITA

3 33M S.T

君代のニューヨーク到着を喜ぶフジタからシャーマンへの電報

エピローグ

渡仏

フジタは新しい環境の中で、日本にいた時よりもさらに精力的に絵を描き続けた。一九四九年十一月十日から二十六日まで、戦後二度目のニューヨーク個展をマシアス・コモール画廊で開き、その成果を発表した。

『アートニューズ』『タイム』などの雑誌が高い評価を掲載し、画家のインタビューも行われる。ところが、会期終了間際の二十六日、地元の左派系新聞『デイリー・コンパス』に、「画家たちが、日本人ファシストの個展に抗議」と題した記事が掲載される。抗議に連名したのはベン・シャーンを筆頭に五十一名の画家だった。

「フジタは軍国主義を達成するために虚偽と歪曲に満ちた絵を描き、ファシスト政府の命令に従わなかった日本人画家たちの弾圧に協力した」と声明文を紹介している。

日本美術会がフジタを戦犯画家として追放する理由として書いた「その画壇的社会的名声は

軍国主義運動の大きな力となり、国民一般に与えた影響は極めて大である」という一文よりも、論調は激しい。そればかりか、「日本人画家たちの弾圧に協力した」という虚偽の事実も交えて批判をヒートアップさせている。

フジタは批判に反論することはなかった。

ヘンリー杉本に、画家グループへの憤懣をぶちまけ「アメリカにいても面白くない。予定通りフランスに行く」とだけ伝えて、一九五〇年一月二十七日、フジタはアメリカを後にした。

アメリカ滞在は結局、一年にも満たなかった。

その後の交友

フジタの離日後、シャーマンは以前のように頻繁に親交することはできなくなったが、フジタへの熱が衰えることはなかった。

ときおりパリのアトリエを訪問することもあったし、書簡の交換はずっと続いた。

フランスはもはやフジタをかつてのように温かく迎えてくれているわけではない。だからといって、シャーマンはフジタの生活を慰めることが仕事だとは考えていない。

シャーマンの中で今は、〝フジタ〟は明確な問題意識になろうとしている。

他でもない日本で、フジタをもっと多くの人に知ってもらわなければならない。本当の評価を確立させなければならない。

そのためには一級の作品を集めなければならない。シャーマンは信念を持ったフジタのコレクターとして世界中を駆け回った。やがて集められたフジタ作品の多くは日本の美術館に収められることになる。

だが、シャーマンにはもうひとつ重要な仕事が残っている。

フジタを日本に帰郷させることだった。

「そこはかつてフジタの愛したフランスではなく、フジタにとっては文字通り異郷の地になっていました。それだけにフジタは改めて日本を強く意識し、愛と憎しみの対立感情を高じさせることになりました。それが悪いことに、日本との絆を断ち切らせる方向に彼を追い詰めたのです。彼がフランス国籍を取得したのも、カトリックに入信したのも、自分を無理やり日本から引き離すための悲しい演技だった。私はそう信じています」（フランク・シャーマン談）

シャーマンの願いを実現するためには大きなハードルがあった。

誠意を込めて、時間をかけてフジタの閉ざされた心を開くということだけではない。

日本人がはるか昔に閉鎖してしまった心の国境を、どうやってもう一度開くのかという難問を解決しなければならなかったのである。

日本人のだれもができなかったことを、どうしてたった一人のアメリカ人の力でなしえるというのだろうか。

一九六八年のフジタの没後、ニューヨークのフランス大使館で、シャーマン収集のフジタ作品による追悼展が企画された。だが、初日にシャーマンの意向で展覧会は突然中止になる。フジタの遺体は日本に移送するべきだというシャーマンの主張を、君代は一度は聞き入れていたが、その日突然、止めることに決めたからだ。

シャーマンは激怒した。

展覧会に関わった人間に相当の迷惑をかけたわがままな振る舞いをシャーマンはのちに深く反省する。

フジタは永遠に日本に帰ることはできなくなったという絶望が、冷静で周到なシャーマンに常識をはずれた行為に走らせたのであろう。

フジタの離日を手助けしたことは、シャーマンにとってただの人助けには終わっていない。

フジタの死後も背負わなければならなかった、未完の友情であり続けたのである。

フランク・シャーマンとは何者か

フジタは数多くの伝記にその人生がつづられてきたが、シャーマンの事歴を詳しくたどったものはこれまでにない。しかもいくつかの本では、フジタの日本出国までの顚末でシャーマンを別人物と取り違えたり、シャーマンの関与を否定するものもあった。

ようやく近年になって、敗戦後の苦境にあったフジタを助けて渡米させたという功績が、フジタの画歴に書かれるようになる。

だが、フジタに関連した数行の記述を超えて、シャーマンとはいかなる人物でどんなことをしたのかということが探索されることはほとんどなかった。

本書は、一九四五年から四九年にしぼってシャーマンとフジタの交友をつづったものである。フジタにはその時間の前と後に長い画家生活があったように、シャーマンにも書ききれなかった長い人生がある。

本書に書かなかったシャーマンの業績は、二つのテーマで二冊の評伝を書くことができるだろう。さらに大部の写真集を一冊ないし二冊作ることができる。そのすべてによってようやくシャーマンという人物の全体像を描ききることができるはずである。

「シャーマンとは何者か」という、読者が本書巻頭から抱いたであろう疑問に少しでも答えるために、書かれなかったシャーマンの横顔をほんの少しだけ素描しておきたいと思う。

日本の画家を世界に

シャーマンは、日本の美術家が元気になることが、日本を再生させる力になるというミッションを担って、占領下日本での仕事をはじめている。その志は、日本の美術家を世界に知らしめ、活躍の場を広げなければならないという構想に発展していく。美術家をプロモートする仕事である。これは画家から絵を仕入れて販売したり展覧会を開いたりという日本流の画商的な仕事にとどまるものではない。

シャーマンは卓越した鑑識眼を持ち、優秀な画家を見つけ出すことができた。美術館のコレクションアイテムにふさわしい作品を選別し、世界各地の著名画廊や公的な施設で企画展を開く。そして、一人ひとりの画家に世界的な視野でそのマーケットを創りだしていく、というプロモーションの仕事である。

後者の第一番目にして最重要の作家としてシャーマンが生涯関わり続けたのがフジタであった。フジタの作品の収集は、一九四六年の練馬区（現）小竹町のアトリエ訪問の初日からはじまっている。この出会いから四九年のフジタの離日までが、二人の濃密な交友の時間となるが、シャーマンにとってフジタは友人というよりも、その一挙手一投足からすべてを学ぼうとした師であった。アーティストのシャーマンがフジタを通して何より磨こうとしたものが美を見る

「眼」だった。

「私の眼はフジタの眼です。コレクションは、フジタの眼が集めたものなのです」

それが口癖だった。

「フジタの眼」という言い方はシャーマン流の謙遜だが、シャーマンの収集には、「世界的な画家としての評価をつくる」という明確な思想がある。そのためにマスターピースを選定し、関連した必要な資料を集めるという努力を続けた。収集には背筋の通った厳しさがあり、画家に忌憚のない意見を伝え、ときに絵の修正を提言することもあった。

フジタの渡米後、二人の関係は疎遠になったと見るむきもあるが事実に反している。シャーマンはフジタの名品を集めるために、世界中にアンテナをはり、画廊やオークションを飛び回っている。その中で苦労して入手した作品のひとつに「五人の裸婦」（現在東京国立近代美術館蔵）がある。

こうしてつくられたフジタの傑出したコレクションのうち絵画類の多くが、一九七〇年代の末に東京で一般公開されたあと、美術館やコレクターに売却された。そのうちのシャーマン宛絵手紙などのまとまった収集品が目黒区美術館に収蔵された。

北海道伊達市に保管されているシャーマンコレクションは、前記以外のほぼすべてに当たる。フジタの書簡、スクラップ、眼鏡、ポートレイトなど、最後まで手元に残した数々の品には、美とはまた別のフジタへの追想が深く刻まれているように思われてならない。

編集出版のディレクターとしてオフィスを構えた凸版印刷に、シャーマンルームと呼ばれる芸術家、文化人の社交サロンをつくった。戦後日本文化を築いた錚々たる顔ぶれが参集した。そこは単なる社交場ではなく、シャーマンの以後の仕事の母体ともなった空間である。たとえば画家の猪熊弦一郎、岡田謙三、澤田哲郎らは、彼らがニューヨークで活躍する支援をし、ベティー・パーソンズ画廊などの一流画廊でのデビューをコーディネートした。その企画のいくつもが現地美術界の話題になり、マスコミで「ジャパンブーム」という言葉が生まれるまでになった。

その仕掛け人がシャーマンだった。

シャーマンコレクションに残されている絵画作品は、シャーマンルームからニューヨークへの発信に至る、いうなれば、彼の〝日本戦後美術の国際化〟事業を伝える資料ともなっている。「世界的な画家としての評価をつくる」というコンセプトはフジタを含め、シャーマンの美術事業に一貫するものである。

以上の美術プロモーターとしてのシャーマンの大きな業績は、おそらく評伝本一冊に値するものがあるだろう。

シャーマンコレクションの収蔵庫には、彼と交友のあった画家など文化人を生き生きととらえた写真ネガが数十冊のファイルに収められている。その一部でも今の時代に公開することは大きな意味があるし、シャーマンの仕事のスケールの大きさを知るためにも必要なことだろう。

最新の編集・印刷術を伝える

シャーマンは、アート関係の大学や専門学校で、絵画、彫刻、デザイン、美術教育、印刷など幅広いアート分野の知識と技術を学んでいる。その中でも特にGHQでの実務的な仕事に活かされたのが、編集、印刷の技術である。

凸版印刷のオフィスから始まった印刷物の編集の仕事は、米軍の情報宣伝誌『YANK』の誌面刷新からはじまったが、これが評判となり、米軍関係のさまざまな印刷媒体を手掛けるようになる。一九五〇年代には、有楽町のアーニー・パイル・シアター（有楽町の東京宝塚劇場を接収して作られた米軍の娯楽施設）のディレクターとなったシャーマンは、ルイ・アームストロングやマリリン・モンローらの来日公演のポスターを手掛けることになる。

シルクスクリーン、セリグラフ、ゼロックスなどの新しい印刷技術を若いデザイナーに伝授し、アートディレクター、デザイナー、カメラマン、製版などの専門分野の独立と連携を教えたのも彼であった。デザインの〝シャーマン・スクール〟から巣立って、広告界のクリエイティブ分野で活躍するようになった人材も少なくない。

シャーマンコレクションにある、マッチラベル、古地図、紙幣、切手、中国や東南アジアの土産物、さまざまなパンフレット類など、加えて江戸後期の錦絵と、いわく位置づけしがたい収集品は、グラフィック・デザイナーとしての関心から集められたものだと思われる。だとしても、ここにも「フジタの眼」が彼に乗り移って、この世界の隅々への好奇心をかき立て続けていたことも間違いない。

軍籍とアート

シャーマンは、フジタの戦後にあと二十年間世界的な画家であり続けることを助けた。世界最先端のアートディレクションの知識と技術を伝授し、日本の経済成長の一助となるような人材も育てた。

さらに、世界的な画家になるにはどうすればいいかを日本人に教えかつ実践した。以上はこの小さな島国の中に残した、いずれは忘れ去られてしまうかもしれない足跡である。しかし、それはシャーマンの業績のすべてではない。

彼はアメリカ第八軍の美術教育ディレクターに着任し、朝鮮半島の美術を広く世に知らせる活動にも携わっている。

日本に滞在中だった李朝最後の皇太子の李方子妃殿下を、朴正煕政権下の韓国に日本から帰国させる（一九六三年）影の立役者ともなっている。大歓迎のもとで行われた妃殿下の帰国のことは今や韓国国民の記憶からも薄れようとしている。

シャーマンとはどんな人間かという疑問に答えるのに今できることは、以上縷縷つづってきた大ざっぱな要約でしかない。

もうひとつ書ききれなかった重要な経歴がある。

シャーマンはさまざまな仕事をしながら、同時に約四十年間アメリカ軍に軍籍を置いている。軍と関わりながらなぜアートの仕事をしたのかという問題もいずれ詳細に検証しなければならないだろう。

美術は平和のために必ず貢献することができるという強い信念を持ち続けていたことは間違いない。それが軍と美術と二つの領域に二股をかけて生きた理由なのだろう。

その年の秋に世を去る一九九一年一月十七日。

シャーマンはガンに冒された体をソファーに運ぶとテレビのニュースをつけた。

画面から流れてきたのは湾岸戦争勃発の空爆を知らせるニュースだった。シャーマンの顔は硬直し、目から涙が溢れ出し、こぶしを握りしめて叫んだ。

「なんで戦争をしなければならないんだ！」

付き添っていた友人の河村泳静が、こんなに取り乱して泣いているシャーマンを見たのは、この時一度きりだった。

（了）

あとがき

かつてパリのブロマイド専門のショップでは、俳優や歌手に混じってフジタのさまざまなポーズのポートレイトが売られていた。おかっぱ頭、ロイド眼鏡にチョビ髭というキャラクターを大衆に売りまくっていたのである。その画像は日本の媒体にも載り、フジタという人物への賛否両論を生む格好のネタになる。絵画は画家の内面の表現がウリなのに、フジタは自分の外見も売り物にした。彼はそれを分かりきってやった確信犯である。

私は学生の頃、絵は別にしても、彼のポートレイトを見るにつけ媚びを売るような画家のあり方に反発を覚えた。私も彼の策略にまんまと引っかかっていたのである。

伊達市の収蔵庫でフランク・シャーマン撮影のぼう大な写真の中から、戦後のフジタの姿を見た時、私のフジタに対する見方が大きく変わった。それは衝撃だった。どれほど言葉を尽くすよりも、シャーマンは深くかつあからさまにフジタを捉えていた。

たとえば、本書の表紙に使われた二重露光のフジタ像は、撮影者に微笑む人間とそれに影のように覆いかぶさる沈痛な面持ちのもう一人の人間がいる。

もう一枚、木々を背景にして静けさに包まれた肖像。窓辺に腰かけて遠くを見つめる眼差しからは、頭で知っている彼の運命よりも、はるかに切実な何かを伝えてくる。

シャーマンコレクションと呼ばれる戦後日本文化についての大量の資料のなかでも、シャーマンが残した写真は、何よりこの本で扱った時代状況や人物のイメージを生き生きとふくらませてくれたように思う。それがあったからこそ、貴重な文献資料の読み解き方を導いてくれたように思う。

フジタほどたくさんの文章や発言を残した画家は見当たらない。しかし、フジタの言葉やそれを元にした伝説は、私たちをまた次の迷路に追い込むことにもなった。

けれども、シャーマンが見たもの、ファインダーを通して印画紙に定着したその光景は、消え去っていく時間の中の真実を鮮明に呼び起こしてくれると私は信じている。


本書は、書籍編集のベテラン馬場先智明氏が、東京・世田谷区成城で立ち上げた出版社・静人舎で氏のご厚意により出版していただくことになった。造本装幀を手掛けた小林茂男氏、資料集めに尽力いただいた三枝要子さん、真下美津子さん、資料の翻訳で協力いただいた今井田博氏、シャーマンコレクションを管理する伊達市・NPO噴火湾アートビレッジの今村圭吾氏ほかスタッフの皆様に心からの感謝を捧げたい。最後に、シャーマンコレクションの所蔵者・河村泳静氏の激励なくして書き進めることはできなかったことも銘記しておかなければならない。

■主な参考図書（発行年順）

・船戸洪吉『画壇　美術記者の手記』美術出版社　一九五七年
・岩崎鐸『画家　額縁のない自画像』実業之日本社　一九五七年
・野見山暁治『四百字のデッサン』河出文庫　一九八二年
・田中穣『評伝藤田嗣治』芸術新聞社　一九八八年
・瀬木慎一『書かれざる美術史』芸術新聞社　一九九〇年
・『履歴なき時代の顔写真　フランク・E・シャーマンが捉えた戦後日本の芸術家たち』アートテック　一九九三年
・『フランク・シャーマンと戦後の日本人画家・文化人たち』目黒区美術館　一九九四年
・ラフカディオ・ハーン『新編　日本の面影』池田雅之訳　角川ソフィア文庫　二〇〇〇年
・夏堀全弘『藤田嗣治芸術試論』三好企画　二〇〇四年
・藤田嗣治『腕一本　巴里の横顔』講談社文芸文庫　二〇〇五年
・近藤史人『藤田嗣治「異邦人」の生涯』講談社文庫　二〇〇六年
・林洋子『藤田嗣治　作品をひらく』名古屋大学出版会　二〇〇八年
・矢内みどり『藤田嗣治とは誰か』求龍堂　二〇一五年
・『後世に伝えたい　現代にっぽんの書』腰山孝英「美術界師弟のかたち『藤田嗣治と弟子今井ロジン』の場合」茨城美術新聞　二〇一六年
・林洋子『藤田嗣治 手紙の森へ』集英社　二〇一八年
・『河村泳静所蔵　フランク・シャーマンコレクション選』伊達市教育委員会　二〇一八年

著者プロフィール

富田 芳和（とみた よしかず）

1954年東京生まれ。

早稲田大学文学部美術史学専攻課程修了。

『新美術新聞』編集長、『アート・トップ』編集長を歴任し、現在「河村アートプロジェクト」チーフディレクター。

著書に『プロジェクト写楽』など。


なぜ日本はフジタを捨てたのか？

藤田嗣治とフランク・シャーマン 1945～1949

2018年5月1日　初版第1刷発行
2018年6月1日　初版第2刷発行

著　者　富田 芳和
発行者　馬場先 智明
発行所　株式会社 静人舎
〒157-0066　東京都世田谷区成城4-4-14
Tel & Fax　03-6314-5326
http://seijinsha-b.com

装　丁　小林 茂男
印刷所　株式会社 エーヴィスシステムズ

ISBN978-4-909299-01-7